지금 독립하는 중입니다

지금 독립하는 중입니다

정신과 의사
하지현의
십 대 마음 관찰기

하지현 지음

창비

들어가는 글

청소년만큼 애매한 존재도 없다. 교복을 입는 동안은 내 키가 아무리 커도, 내가 아는 것이 아무리 많아도, 내 생각이 아무리 깊어도 '일인분'으로 인정받지 못한다. 뭘 해 보려고 해도 "나중에 해. 어른이 된 다음에."라는 말을 듣기 십상이다. 억울한 마음이 들다가도 더 강하게 반박하지 못하겠는 것이, 내가 생각해도 내가 누군지 잘 모르겠다. 그렇지 않나?

나는 오랜 시간 청소년을 만나 왔다. 가장 안타까울 때가 자기 자신을 잘 알지 못해 벌어지는 일들을 목격할 때이다. 십 대 시절에는 한 해가 다르게 몸과 마음의 상태가 바뀌는데 이런 변화에 적응하는 것이 쉬운 일이 아니다. 그 과정에서 공연히 갈등과 좌절을 겪기도 한다. 어른들은 쉽게 "지금이 좋을 때야."라고 말하지만, 청소년 누구도 공감하지 못한다.

어떤 어른들은 책을 통해 "너희들, 힘들지?"라며 토닥여 주기도 한다. 물론 그런 위로와 공감의 메시지는 필요하다. 하지만 나는 지금 십 대 청소년들에게 더욱 필요한 것은 무엇보다 일단 '나를 잘 아는 것'이라고 생각한다.

내가 나를 아는 것만큼 중요한 것은 없다. 내가 지금 어디에 있고 어떤 상황이며 앞으로 어느 방향으로 가게 될지 '감'을 잡아야만 내게 주어진 과제, 부모님과의 소통, 친구들과 마음을 주고받는 것, 미래 구상까지 해낼 수 있다. 그것이 내가 이 책을 쓰게 된 출발점이다.

1부에서는 먼저 십 대 시절의 특징적인 심리적·의학적 변화가 무엇인지, 그로 인해 감정과 생각이 어떻게 달라지고 그것이 청소년의 하루하루에 어떤 영향을 미치는지 소개한다. 2부에서는 십 대의 텅 빈 마음에 자존감을 채우는 방법을 제안한다. 나는 십 대 시절에는 뭔가에 푹 빠져 보는 경험이 꼭 필요하다고 생각한다. 멍하니 지내는 것보다 '덕후'로 사는 게 훨씬 낫다. 그 근거들을 상세히 제시하고 있으니 이 부분을 읽고 나면, 나를 이해하지 못하는 부모님과 선생님을 설득할 좋은 무기를 얻을 수 있을 것이다.

그럼에도 불구하고 공부를 안 할 수는 없을 것 같다. 그렇다. 나는 꽤 현실적인 사람이다. "공부 따위는 필요 없어! 너만의 인생을 만들어라."라고 감히 말을 할 용기가 없다. 세상은 그렇게 만만하지 않다. 그렇지만 공부 스트레스를 줄이는 것은 도울 수 있다. 정신과 의사로서 인지 이론, 뇌 과학, 학습 이론에 대해서 내 나름대로 축적한 노하우와 지식이 있다. 3장에서는 그중에서도 핵심만 정리했다. 공부가 쉽지는 않지만, 적어도 한번 해 볼 만하다는 것을 보여 주고 싶었다.

4부와 5부에서는 부모님과 친구 등 인간관계에 대한 이야기를 담았다. 십 대는 평생을 함께할 우정을 쌓는 시기이자, 그 우정을 디딤돌 삼아 부모님의 품에서 조금씩 벗어나는 시기이기도 하다. 그러면서 관계의 모양이 변해 가는데, 그 과정에서 많은 갈등이 발생한다. 그동안 상담해 온 청소년과 부모 들이 가진 고민의 공통분모들을 뽑아서 서로 오해를 쌓지 않고 소통하는 방법을 모아 보았다. 불필요한 힘겨루기만 피해도 관계는 훨씬 부드러워진다.

마지막 부에는 십 대 시절을 지나서 세상에 나갈 때 필요한, 인생을 바라보는 마음에 대해 어른이자 부모로서, 또 의사로서 여러분들에게 해 주고 싶은 말을 골라 담았다.

아무쪼록 이 책이 십 대라는 좌충우돌, 질풍노도, 혼란과 짜증, 기분 좋음과 나쁨의 롤러코스터를 탄 여러분이 '일인분'의 독립적 존재로서, 알을 깨고 나와 세상으로 나가는 준비를 하는 데 도움이 되었으면 좋겠다.

2017년 봄
하지현

차례

1부

사춘기, 낯선 변화와
친해지기

|

왜 사람만 청소년기가 있을까?

청소년은
200년 전에 나타났다?

'왜 사람만 청소년이 있지?'

이런 궁금증을 품어 본 적이 있는지? 의사가 되기 한참 전부터, 나는 그것이 참 이상하고 궁금했다. 동물들은 병아리와 닭, 망아지와 말, 강아지와 개로 새끼와 성체를 구별한다. 그 사이에 끼어든 '청소년 닭', '청소년 말' 따위는 없다. 사람도 엄연히 자연의 일부인데, 왜 사람만 아이와 어른 사이에 청소년이 있는 걸까?

게다가 청소년이라는 말은 참 독창적이지 못하다. 국어사전에는 청소년靑少年이란 "청년靑年과 소년少年을 함께 가리키는 말"이라고 나와 있다. 그런데 실제로는 청년도 아니고 소년도 아닌 사람을 가리킨다. 역사적으로 개념이 달라져서 그런 것이겠지만 그래도 어딘가 어정쩡하다. 혹시 이 단어, 급하게 만들어진 건 아닐까?

나는 청소년 시절 내내 그런 의심을 마음에 품고 지냈다. 그런데 그 시기를 지나 어른이 되고, 의사가 되고 나니 그 의문이 스르르 풀렸다. 그리고 내가 가졌던 그 막연한 느낌이 아주 틀린 것은 아니라는 것도 알게 되었다.

역사를 보면 청소년이라는 개념은 생긴 지 200년 정도밖에 되지 않았다. 생물학적으로는 큰 필요가 없지만, 사회적으로 필요해서 생긴 말이다. 약 200년 전부터 우리 인간에게 청소년기가 특별히 의미 있는 기간이 된 것이다.

잠깐, 그럼 200년 전에는 어떻게 살았던 걸까? 그때 사람들은 아이에서 곧장 어른이 되었던 걸까? 그랬다. 동물의 발달에서 어른이 된다는 것은 '새끼를 낳는 능력'reproduction을 갖춘다는 것과 같다. 새끼를 낳을 수 있게 몸이 준비되면 어른成體이 되었다고 본다. 사람도 2차 성징이 끝나면 생물학적으로는 어른이 되었다고 보아도 틀리지 않다.

예전에는 생물학적 리듬에 맞춰 빨리 어른이 되어도 사는 데 큰 문제가 없었다. 남자든 여자든 자기 앞가림을 할 나이가 되면 바로 농사를 짓고, 양 떼를 몰고, 사냥을 하고, 결혼해 아이를 낳으면 되었다. 이것은 인간이 정착해 사회를 이루고 살아가기 시작한 약 1만 년 전부터 지켜 온 삶의 순환 법칙이다.

그런 시절에는 청소년이라는 개념은 별로 필요가 없었다. 아이로 살다가 2차 성징이 나타나고 몸이 자라면 곧바로 어른 대접을 받았다. 이 골치 아픈 청소년기를 안 보내도 되었다니, 참 단순하고 좋은 시절이었다는 생각이 들지도 모르겠다. 부러워도 소용없다. 그런 시절은 우리에게 다시 오지 않는다.

덩치는 크지만 어른은 아닌

약 200년 전부터 사회가 변하면서 전통적인 방식으로 사는 것이 힘들어졌다. 200년 전에 무슨 일이 있었던 것일까? 세계사 교과서를 열심히 본 사람이라면, 한 가지 떠오르는 사건이 있을지도 모르겠다. 바로 18세기 후반부터 영국을 중심으로 일어난 산업 혁명이다.

산업 혁명의 특징이 뭘까? 학창 시절에 이런 표현에 밑줄을 그었던 기억이 난다. 산업 혁명으로 '가내 수공업에서 공장제 기계 공업으로' 산업이 전환되었다는 표현. 공장과 회사가 어디에든 즐비한 오늘날의 눈으로 보면 별것 아닌 변화처럼 보이지만, 이는 당시 사람들의 삶에 실로 커다란 변화를 일으켰다. 시골에서 농사짓던 수많은 사람이 일자리를 찾아 공장이 있는 도시로 가게 되었기 때문이다. 농부였던 이들이 공장에 취직을 해 노동자가 되면서 사람들의 라이프스타일이 엄청나게 변했다.

도시에 살기 시작하면서 사람들은 배워야 할 것이 많아졌다. 공장에서 기계를 다루거나 시장에서 장사를 하려면 최소한 글을 읽고, 셈을 할 줄 아는 능력이 필요했다. 그뿐만이 아니다. 시민의 매너, 상식, 법률, 가치관 등도 익혀야 했다. 어른이 되기 전에 '교육'을 받을 시간이 필요해진 것이다.

국가적으로도 일정한 기간 동안 사람들을 모아서 이를 가르친 뒤 사회로 내보내는 것이 국가와 사회의 경쟁력을 높이는 데 도움이 되었다. 그래서 시민들을 위한 학교가 만들어지기 시작했고, 공공 교육이라는 근대적 시스템이 만들어졌다. 사람들은 이제 학교에 다니기 시작했다.

그렇다면 이 시기는 어른인가, 아이인가? 과거의 잣대로 보면 어른이라고 볼 만한 덩치에, 어쩌면 결혼도 했을 수 있다. 하지만 아직 어른으로서 '일인분'의 노동을 하는 대신 공부하고 준비하는 중이다. 사람의 일생에 특별한 시기가 생겨난 것이다. 덩치는 어른이지만 어른 대접을 받기 힘든 시기, 그것이 청소년의 시작이다. 재미있게도 영어로는 청소년기를 '유예 기간'을 뜻하는 모라토리엄moratorium이라고도 부른다. 성인의 책임과 의무, 권리를 주지 않으니 일종의 유예 기간인 셈이다.

이렇게 생겨난 기간이니, 청소년기란 시간은 어딘가 어정쩡한 것 같다는 우리의 느낌은 근거가 있는 셈이다. 아이-어른-노인이란 3단계 분류에 갑작스레 끼어든 시간이랄까?

그렇다고 어차피 인위적인 개념이니, 청소년기를 대충대충 보내도 되겠다고 생각하면 곤란하다. 18세기 산업 혁명 이후 사회가 계속 상전벽해처럼 변해 온 덕분에 청소년기에 공부하고 준비해야 할 것이 아주 많아졌기 때문이다. 바깥세상에 나가서 어른으로서 독립적으로 살아가려면 청소년기에 몸과 마음의 준비를 단단히 해야 한다. 청소년기를 알차게 보낸 사람이 성인이 된 이후에도 성공적인 삶을 산다는 것은 여러 연구를 통해 증명된 사실이기도 하다.

자, 그럼 우선 청소년기에 내 몸과 마음에 어떤 변화가 일어나는지부터 살펴보자.

2
몸과 뇌, 놀라운 성장의 비밀

내 키는 '폭풍 성장'을
할 수 있을까?

나는 언제부터 청소년일까? 앞서 말했듯 생물학적으로는 2차 성징이 그 신호다. 실제로 의학 용어로 '사춘기' puberty 는 2차 성징을 가리킨다. 남자는 생식기에 털이 나고, 변성기가 오고, 수염이 난다. 여자는 초경을 시작하고 가슴이 커진다.

이런 변화가 오면 몸은 이제 성인이 되기 시작한다고 할 수 있다. 여자는 남자보다 조금 빨리 시작한다. 요즈음 여자는 평균 10, 11세에 초경을 시작한다. 남자는 그보다 1, 2년 늦게 청소년기에 진입한다. 아마 여러분 중에도 초등학생 때에 청소년기의 신호를 맞이한 친구들이 많을 것이다.

이것은 과거에 비하면 무척 빨라진 것이다. 서유럽의 통계를 보면 1840년에 노르웨이와 영국에서는 17세경에 2차 성징이 시작되었다. 그러던 것이 20세기 들면서 당겨지기 시작해서 2006년에 덴마크에서는 평균 9세 10개월 정도에 2차 성징이 나타나기 시작했다고 한다.

전체적으로는 지난 200년 사이에 약 5년 정도 빨라졌다. 왜일까? 영양 상태가 좋아진 것이 가장 큰 이유이다. 여러분은 선조들에 비해 훨씬 더 잘 먹는 덕분에 빨리 어른이 되기 시작한다. 물론 사춘기가 빨리 시작되는 것이 썩 좋은 것만은 아니다. 마음은 아직 준비가 덜 됐는데, 몸만 불쑥 앞서 나갈 수 있기 때문이다. 더욱이 초경이 빠르면 성장판도 일찍 닫힐 수 있다.

이 시기를 전후해서 가장 큰 변화는 키가 크는 것이다. 자고 나면 쑥쑥 자라는 '폭풍 성장기'가 온다. 남자의 경우 14세나 15세, 즉 중 2, 3학년경에 가장 많이 자라고, 여자는 그보다 2년 정도 먼저 자라기 시작한다. 여자들은 먼저 자라는 만큼, 먼저 성장이 끝난다. 그러니 지금 중학생인 친구들은 같은 반 남자아이들이 키가 작더라도 함부로 놀리면 안 된다. 고등학생 때 다시 만나 보면 나는 그때 그대로인데, 그 친구들은 훌쩍 자라 있을 가능성이 높다. 남자는 여자와 달리 청소년기 후기까지도 꾸준히 키가 크는 경향이 있다. 많이 자랄 때에는 1년에 10~12cm 정도까지 자란다. '폭풍 성장'을 1년만 하느냐 2, 3년 계속 하느냐에 따라 키 차이가 나는 것이다.

그렇다면 과연 내 키는 어디까지 자랄 수 있을까? 매일 줄넘기를 하고, 농구를 하고, 스트레칭을 하고, 우유를 열심히 마시면 180cm를 훌쩍 넘길 수 있을까? 그렇다고 말해 주고 싶지만, 의사의 양심상 그럴 수가 없다. 안타깝지만 키는 부모의 유전적 영향에서 벗어나기 어렵다. 유전의 영향이 70% 정도는 된다는 것이 의학적으로 알려진 사실이다. 키가 큰 부모를 두면 키가 크고, 작은 부모를 두면 작다.(그렇다고 부모님을 너무 원망하지는 마시길!)

최종 키가 얼마나 될지 궁금해할 친구들을 위해 힌트를 하나 주겠다. 내 최종 키의 예상치를 추정하는 방법이 있다. 아버지의 키와 어머니의 키를 더한 뒤 2로 나누어 평균값을 낸 다음에 남자는 6.5cm를 더하고, 여자는 6.5cm를 빼면 된다. 예를 들어 아버지가 180cm, 어머니가 160cm라면, 평균 170cm이므로 아들은 176.5cm 정도, 딸은 163.5cm 정도를 기대할 수 있다. 여기에 수면, 운동, 영

초경 연령이 앞당겨지고 있다!

우리나라 보건교육포럼이 2010년 조사한 자료에 따르면 당시 한국 초중고생의 평균 초경 연령은 11.98세로 나타났다. 비교해 보면 좋을 것이 있다. 같은 시기에 설문을 한, 학생들 어머니의 평균 초경 연령은 14.4세였다. 한 세대 만에 약 2.5년 빨라진 것이다. 그보다 4년 전인 2005년에 국민건강영양조사를 해 보니 65세 이상 여성들의 초경 연령이 16.8세였다. 초경 연령이 점점 앞당겨지고 있음은 분명하다.

양 상태 등이 30% 정도 영향을 미친다. 그러니 키를 키우고 싶으면 내가 갈 수 있는 평균치를 빨리 달성한 다음, 숨어 있는 30%를 극대화해서 최대한 커질 수 있도록 하는 것이 현실적이다.

사춘기의 성장에서 흥미로운 것이 하나 있다. 키가 클 때 온몸이 균일하게 자라지 않는다는 것이다. 제일 먼저 손과 발이 길쭉해진다. 빨리 자랄 때에는 신발을 새로 산 지 한두 달 만에 작아서 신을 수 없게 될 때도 있다. 그다음에 팔다리가 자란다. 그러니 혹시 이때 거울에 비친 내 몸의 비율이 이상하더라도 너무 우울해할 필요는 없다. 평생 그렇게 사는 것이 아니다. 이후에 척추가 자라면서 키가 쑥 자란다. 이때에는 마치 젓가락같이 우선 한 방향으로, 즉 위로만 늘어난다. 일단 삐쭉 커진 다음, 앞뒤로 가슴팍이 커지고 어깨가 넓어져서 균형 잡힌 몸매가 된다.

그러니 손과 발이 갑자기 커져서 농구공을 한 손으로 잡고, 신발을 새로 사 달라고 말해야 하는 상황이 오면 기뻐하시라! 키가 클 것이라는 자연의 신호가 온 것이니까.

청소년기가 되면 키뿐 아니라 몸무게도 변한다. 성장이 급속히 일어나는 시기라서 1년 중에도 키와 몸무게가 급격히 변하는데, 그러다 보면 일시적으로 체중이 늘어나기도 한다. 일생의 체형 변화를 추적해 보면 12세부터 17세 사이에 체형 변화가 가장 크다. 그러니 갑자기 몸무게가 늘더라도 놀라지 마시길. 지극히 정상적인 일이다. 그리고 체중이라는 땔감이 있어야만 뼈에 영양분이 공급되면서 키가 클 수 있다.

물론 예민한 학생들이 갑자기 늘어난 몸무게 앞에서 초연하기란 어려울 수 있다. 텔레비전에 비춰지는 아이돌의 모습을 매일 보다 보면, 그렇지 않아도 자신이 뚱뚱한 것 같다는 생각이 자꾸 올라오는데 말이다. 하지만 인생은 오늘만 사는 것이 아니다. 길게 보고 장기적으로 전략을 세워야 한다. 십 대 초반에 몸매 관리를 하느라 잘 먹지 않으면 당장은 날씬하고 균형 잡혀 보일 수 있지만, 자라야 할 시기에 적절한 영양이 공급되지 않아 키가 클 기회를 놓칠 수 있다. 그러면 정말 큰일 아닌가! 키는 십 대 중반 이후 자라지 않아 작은 채로 머물러 있는데, 성인이 되어 섭취하는 에너지는 많아지면 체형이 더욱 좋지 않게 될 위험도 있다. 게다가 몸무게와 체형도 유전적 영향이 상당하니, 자기가 보기에 이상적인 체형을 너무 고집할 필요는 없다.

그럼 내 몸이 얼마나 성장했는지 알 수 있을까? 친절하게도 영국 소아과 의사인 제임스 태너가 태너 스테이지 Tanner stage 를 만들어서 사춘기의 진행 정도를 단계별로 나누어 놓았다. 음모, 성기 발달, 유방 발달 등을 기준으로 하는데 이를 토대로 미국의학협회가 제시하는 기준은 다음과 같다.

1단계: 음모가 없다.
2단계: 일직선의 음모 몇 가닥이 자라난다.

3단계: 음모가 더 진해지고 곱슬해진다.

4단계: 치골 주위에 세모 모양으로 음모가 자라나면서 더 두꺼워지고 거칠어진다.

5단계: 세모 모양의 음모가 더 굵어지면서 허벅지 안쪽이나 위쪽에 자라나기도 한다.

단 여자의 경우, 음모 발달과 가슴 발달이 단계별로 꼭 같이 일어나지는 않는다. 예를 들어 가슴 발달이 4단계일 때 음모 발달은 2단계일 수도 있다.

이 기준을 참고해 내 몸의 발달 정도를 관찰해 보면 사춘기의 변화를 짐작할 수 있다. 학자들은 2단계부터 성장이 급속히 진행되며, 5단계에 진입하면 성장이 멈추는 시기가 되었다고 본다. 9~10세에 너무 빨리 2단계가 되거나 생리를 시작하면 조숙증을 의심해 볼 필요가 있다. 하지만 이런 경우는 드무니, 발달이 남보다 조금 빠르거나 늦더라도 너무 걱정할 필요는 없다. 여러분은 대체로 정상적으로 성장하고 있을 것이다.

뇌에서 가지치기가 일어난다고?

2차 성징으로 두드러진 변화가 나타나는 곳이 또 있다. 바로 중추 신경계다. 인간의 뇌는 자라면서 많은 변화를 거친다. 아기의 머리를 찍은 시티CT 나 엠아르아이MRI 를 보면 어른처럼 뇌가 호두 모양으로 되어 있어 마치 다 완성된 것 같다. 하지만 겉보기에만 그렇고 속은 아직 텅 빈 상태다. 마치 터가 닦여 있고 지도에도 나오지만, 막상 가 보면 사는 사람도 없고 건물도 텅 비어 있고 거리에 차도 다니지 않는 신도시와 같다.

인간의 뇌는 자라면서 서서히 중추 신경계가 발달한다. 재미있는 것은 어릴 때와 사춘기 시절에 뇌가 자라는 방식이 다르다는 것이다. 뇌 발달을 설명하려면 조금 어려운 용어들을 써야 하지만 흥미로운 내용이니 한번 들어 보시길!

대뇌의 세포는 회백질과 백질로 나뉜다. 이중 회백질이 늘어난다는 것은 신경 돌기가 성장하거나, 시냅스의 연결이 증가한다는 것이다. 신경망을 연결하는 시냅스의 경우 어릴 때부터 급속도로 많아져서 7세 무렵 가장 빽빽한 상태가 된다. 이 시기까지 뇌의 신경은 빈 공간이 있으면 일단 길을 뚫고 보는 전략으로 작동한다. 그렇게 해서 공간이 다 차면 잠시 정체기를 맞는다. 그러다 2차 성징이 나타나면 다시 변화가 시작된다. 에스트로겐과 테스토스테론, 아드레날린 등 성과 관련된 호르몬의 분비량이 증가하면 이들이 뇌에 급격한 변화를 가져온다. 대표적인 남성 호르몬인 테스토스테론은 사춘기에 분비량이 많아지는데, 이때 대뇌 기능 중 남성성을 활성화시켜서 성적인 행동과 운동성, 활동성을 강화한다. 또 근육이 증가하는 데도 영향을 준다.

여기서 재미난 현상이 하나 있다. 7세부터 청소년기 초기까지는 신경 돌기와 시냅스의 양이 증가하는데, 청소년기 중기를 지나면서부터는 도리어 서서히 그 양이 줄어든다.

원래 신체 변화는 한 방향으로 쭉 가다가 성인기가 되면 멈추고, 노인기가 되면 퇴화의 길을 가는 것이 정상적인 패턴이다. 특히 신경계는 한번 성장해서 멈추면 그대로 작동하다가, 노화나 외상 등으로 손상을 입으면 다시 복구되지 않는다고 알려져 있다. (최근 이에 대해 반론을 제기하는 학자들도 있다.) 그런데 청소년기에 회백질은 거꾸로 된 U 자 모양으로 확 늘어났다가 줄어드는 형태를 띤다. 무슨 일이 벌어지는 것일까? 시냅스의 가지치기 synaptic pruning 라는 독특한 시스템이 작용하는 것이다. 한마디로 신경을 서로 연결하는 시냅스의 망을 잘라 버리는 것인데, 특히 청소년기 중기로 넘어가면서 이런 현상이 두드러진다.

왜 애써 만들어 놓은 것을 잘라 버릴까? 뇌 기능의 효율성을 위해 쓰지 않는 곳을 과감히 제거하는 것이다.

어릴 때의 뇌는 무조건 '많은 것이 좋은 것'이라는 전략으로 움직인다. 빈 공간이 있으면 시냅스를 많이 만들어서 채운다. 마치 길이 될 만한 곳에는 다 콘크리트를 부어서 길을 만드는 것과 같다. 이렇게 해 놓고 뿌듯해한다. 어떻게든 어디든 갈 수 있게 되었기 때문이다. 일단 길이 생겼다는 것만으로도 만족스럽다. 7~12세

사이의 아이들이 그렇다. 전혀 몰랐던 것을 알게 되는 것이 좋고, 못하던 것을 할 줄 알게 되면 즐겁다.

그런데 청소년기 중기가 되면서 이런 전략이 한계에 부딪힌다. 해야 할 것은 갈수록 많아지는데 무작정 아무 길로나 가자니 시간과 에너지가 너무 많이 드는 데다 가끔 삼천포로 빠져서 목적지에 가지 못하고 헤매기 일쑤이다. 서울에서 부산을 가는데, 눈앞에 보이는 길로 닥치는 대로 가다 보면, 운이 좋아야 경부고속도로를 만나서 4시간 만에 부산에 갈 수 있다. 잘못했다가는 인천에 갔다가 안면도로 내려서 다시 광주로 가는 등 빙빙 돌 수 있다. 이런 일을 십 대 초반의 뇌가 경험한다. 혹시 뭔가 생각이 떠오르지만 정리가 안 되고, 핵심을 잡지 못해 장황하게 설명하게 되는 일이 종종 있지는 않나? 그게 바로 여러분의 뇌 때문이다!

그래서 뇌에서는 과감한 결단을 내린다. 쓰지 않는 길, 필요 없는 길은 아깝지만 과감히 없애자! 눈에 보이지 않아야 들어서지 않고, 그래야 헤매지 않을 것이라는 혁신적인 발상이다. 그동안 만드느라 들인 노력이 아깝기는 하지만 눈물을 머금고 과감히 길을 폭파한다. 나무의 잔가지들을 쳐 내야 중심 가지에 양분이 충분히 가서 쑥쑥 자라게 되는 이치와 같다. 그래서 학자들이 '가지치기'라고 이름 붙인 것이다. 이제는 서울에서 부산을 갈 때 고민하지 않는다. 경부고속도로를 가리키는 푯말만 눈에 딱 띄고 나머지는 잘 보이지 않으니까. 그 덕분에 효율성을 얻는다.

여자의 사춘기가 남자보다 2년 정도 빨리 시작되듯이, 이런 뇌의 발달도 여자가 1년 정도 빠르다. 그래서 중학교 때까지는 대체로 남자아이들보다 여자아이들이 조숙하고 어른스러워 보인다.

나 좀 똑똑해졌어

정도의 차이는 있지만, 중학생이 되면 대체로 초등학생 시절과는 달리 몰라보게 똑똑해진다. 여러분 스스로도 그것을 느낄 것이다. 이것은 뇌의 백질과 관계있다. 뇌의 백질은 회백질과 달리 꾸준히 증가한다. 무려 25세까지 계속 자란다.

백질은 축삭 돌기가 마이엘린이라는 지방으로 쌓여 있는 구조다. 축삭 돌기가 정보를 전달하는 구리 전선이라면, 마이엘린은 전선을 둘러싼 껍질과 같다. 백질이 증가하면 껍질인 마이엘린도 증가한다. 마이엘린은 전기 신호가 전달될 때 밖으로 새 나가지 않게 하여 정보 손실을 막고, 전달 속도를 빠르게 해 준다.

청소년기 이전의 뇌에는 마이엘린이 적다. 그러면 어떻게 될까? 뇌의 정보 전달 속도도 느리고 전달되는 과정에서 정보가 줄줄 샌다. 하지만 청소년기가 되면 달라진다. 그간 꾸준히 백질이 증가해 와서, 이제는 마치 물이 고무호스를 통과하듯이 한 번에 쏴 하고 빠른 속도로 정보가 전달된다. 그래서 청소년기가 되면 급격히 생각에 깊이가 생기고, 가설 검증 능력을 갖게 되며, 종교, 미술, 철학

나는 학교에 새로 온 정원사라네.

나의 주요 일과는 가지치기.

나무는 잔가지를 잘라 주어야

큰 가지들이 방해받지 않고 잘 자랄 수 있어.

너희들의 뇌도 마찬가지야.

CUT!

시냅스의 망 중 불필요한 부분을 제거하면

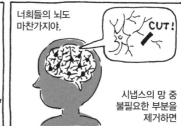

뇌 기능의 효율성을 높일 수 있지.

이 과정을 '시냅스의 가지치기'라고 한단다.

의 추상적 개념을 이해할 수 있게 된다.

혹시 어느 날 갑자기 사회 교과서에 나오는 내용이 확 와 닿는 신기한 체험을 한 적이 있는지? 있다면 그것이 바로 내 뇌의 백질이 두꺼워졌다는 증거다. 이때는 추상적인 사회 시스템에 대한 이해도가 획기적으로 올라간다. 그 덕분에 과거에는 무작정 외워야 했던 과학, 사회 과목 교과서가 막 이해된다.

시간 개념도 마구 확장된다. 한 치 앞밖에 볼 수 없었던 어린 시절과 달리, 이제는 꽤 먼 과거나 미래도 추적하고 예측할 수 있게 된다. 내가 처한 환경과 사회의 현실에 대해서도 본질적인 탐색과 질문을 할 수 있고, 미래를 전망할 수 있다. 더 나아가 내 생각의 한계와 문제점을 인정하며 고치려는 노력도 할 수 있다.

이런 변화 덕분에 세상에 대한 관심이 급격히 늘어난다. 전에는 아버지가 뉴스를 보면서 한마디씩 하시는 말씀이 무슨 소리인지 전혀 알 수 없었다. 하지만 어느 순간 나도 모르게 불쑥 이런 말이 나오기도 한다.

"세상이 불공평한 것 같아요. 부자들이 너무 많이 가져가는 것은 구조적 문제 아닌가요?"

아마 아버지는 깜짝 놀라서 이렇게 되물을 것이다.

"너 지금 무슨 말을 하는 건지 알고 하는 말이니?"

내가 이만큼 컸다는 것을 뽐내는 순간이다. 이제 자식이 훌쩍 자랐다는 것을 알아차린 아버지는 뿌듯한 마음에 세상살이에 대해 자꾸만 토론하려고 하실지도 모른다. (물론 여러분은 토론까지 원하지는 않을 수 있지만.)

이때가 되면 종교도 실체로 좀 더 다가온다. 혹시 친구들 중에 갑자기 신앙심이 굳건해져서 나중에 목사나 신부가 되겠다고 꿈을 정하는 아이나, 교회에 더욱 열심히 다니는 아이가 있지는 않나? 좋아하는 '교회 오빠', '교회 누나'라도 생긴 것이 아닌가 의심했는데, 알고 보니 정말로 신앙심이 깊어진 것이어서 무척 놀라울 수도 있다.

이른바 '모태 신앙'이라고 해서 어릴 때부터 꾸준히 종교 활동을 한 친구들도 많지만, 사실 어릴 때에는 그냥 부모님을 따라다니는 경우가 많다. 어린이들은 '이것이 진짜 내 종교다'라는 확신을 갖기 어렵다. 신앙이 깊지 않아서가 아니라 그럴 수 있을 만큼 뇌가 성장하지 않았다. 종교적 확신을 가지려면 인지 발달이 어느 정도 되어야 한다. 청소년기가 되면 종교적 체험을 하고, 신과 초월적 존재, 그리고 종교 교리를 이해할 수 있는 추상적 사고 능력이 생긴다.

그러니 종교 교리에 관심이 생긴다면 어른들과 토론도 해 보고, 내 나름대로 모순도 찾아내 치열하게 고민해 보자. 이만큼 성장한 내 뇌를 이용해서 내 삶을 더욱 깊어지게 만들어 보는 거다.

몸과 뇌가 이렇게 나날이 발달할 때, 마음은 어떻게 되고 있을까?

3
흑백에서 무지개로, 감정의 분화

아이의 마음과
어른의 마음

"아이, 짜증 나!" "화가 나." "싫어!"

십 대 초반까지 아이들의 감정 표현은 이렇게 단순하다. 재미가 있는지 없는지, 좋든지 싫든지, 신이 나든지 짜증이 나든지, 무엇이든 흑과 백으로 나뉜다. 그리고 그렇게 구분되어야 마음이 편하다.

감정적 판단과 반응은 뇌의 편도에서 담당한다. 이곳의 주요 기능은 '안전과 위험'을 일차적으로 구별하는 것이다. 싫은 것, 짜증 나는 것, 무서운 것, 아픈 것은 모두 '위험'과 연결되어 있다. 만약 이성적 판단을 한 후에야 몸이 반응한다면 생존에 위험한 상황이 올 수 있다. 그래서 인간의 몸은 감정이 먼저 도망갈지 싸울지를 결정하고 반응하도록 되어 있다. 몸이 먼저 준비해서 움직이고, 그 다음에 이성적으로 판단해 '위험한 게 아니구나.' 하면서 경계를 푸는 것을 선호한다.

어릴 때에는 작고 연약하다 보니 위협을 받을 가능성이 많아서 이런 시스템이 훨씬 강하고 분명하게 나타난다. 그래서 감정이 흑백으로 분명하게 갈라지는 경향을 띤다. 만약 모든 사람이 다 그렇다면 만날 사람들은 내가 옳다, 네가 틀렸다 하며 싸우기만 하고, 세상은 "왜 나를 기분 나쁘게 해!"라면서 남을 때리고 괴롭히는 사람들로 넘쳐 날 것이다. 다행히 인간의 감정 구조는 청소년기가 되면서 흑백의 단순 구조에서 무지개 같은 스펙트럼으로 세분화한다.

감정이 발전하는 과정을 감동적이면서도 이론적으로 정확히 그린 애니메이션이 있다. 바로 2015년에 개봉한 「인사이드 아웃」이

감정 지도

미국의 심리학자 폴 에크먼은 민족이나 문화적 배경과 관계없이 전 세계의 모든 사람에게 일관되고 공통적인 여섯 가지 감정을 찾아냈다. 찾아낸 과정도 재미있다. 한 번도 미디어에 노출된 적 없는 파푸아 뉴기니의 원주민에게 찾아가, 연구 팀에서 만든 '표준 표정 사전'의 다양한 얼굴 표정을 보여 주었다. 그랬더니 원주민들이 일관되고 정확하게 여섯 가지 감정을 찾아냈다. 그 여섯 가지가 바로 행복, 분노, 슬픔, 혐오, 공포, 놀람이다. 폴 에크먼은 이후 1만여 가지의 감정을 담은 '감정 지도'를 집대성했다.

다. 이 영화는 어린 소녀 라일리의 머릿속에 감정 컨트롤 본부가 있다는 상상으로 시작한다. 그 본부에는 기쁨이, 슬픔이, 버럭이, 까칠이, 소심이라는 다섯 감정이 일하고 있어서 라일리의 마음이 조화롭게 작동하도록 돕는다. 그중 기쁨이가 주도적인 역할을 한다.

라일리가 아직 어릴 때는 모든 일이 대체로 기쁘고 즐거웠고, 컨트롤 패널 위의 감정 버튼도 열 개가 넘지 않았다. 그런데 우연한 실수로 기쁨이와 슬픔이가 컨트롤 본부를 벗어나고, 핵심 기억도 없어지면서 라일리의 마음은 혼란으로 가득 찬다. 영화는 두 감정이 핵심 기억을 찾아 나서는 여정을 보여 준다.

흥미로운 것은 결말 부분이다. 무조건 억제해야 하는 줄 알았던 슬픔이 사실은 매우 중요한 감정임을 깨닫게 된 것이다. 그리고 슬픔이의 파란색과, 기쁨이의 노란색이 섞이는 등 기본 감정이 적절히 조합되면서 다양한 감정이 새로이 생겨난다. 라일리는 그렇게 조금씩 어른으로 성장해 간다. 바로 이 과정이 어른의 복잡 미묘한 감정 인식과 반응이 완성되는 과정이라고 할 수 있다.

우리의 감정은 처음에는 단순하고 즐거움을 추구하는 것 위주지만, 청소년기를 지나면서 빠른 속도로 분화된다. 우리는 궁극적으로는 셀 수 없이 많고 복잡한 종류의 감정을 갖게 된다. 그런 의미에서 인간이 성숙한다는 것은 감정과 그 표현이 세분화되는 것이라고도 할 수 있다.

지금 여러분의 마음속에서는 감정이 몇 개나 만들어졌을까? 혹

어린 시절 내 감정은 아주 단순했지만

별 하나에 사랑과 별 하나에 쓸쓸함과

이제는 시를 음미할 수 있고

인간의 다양한 감정을 이해할 수 있게 되었다.

고흐의 고통이 느껴져…

한 가지 문제는,

슬픔 환희 후회 질투

감사 의심 자부심 망설임

넌 모두 표정이 똑같냐?

보이는 게 전부는 아니라고.

시 마음속 컨트롤 본부에서 기쁨이가 잠깐 자리를 비우고, 슬픔이가 주로 활약하고 있더라도 너무 당황할 필요는 없다. 슬픔도 그 감정 그대로 받아들이면서 우리는 조금씩 성장해 간다.

감정은 저절로 풍부해지지 않는다

감정은 다양할수록 좋을까? 어리석은 질문 같지만 의외로 많은 사람이 이런 질문을 한번씩 던진다. 감정이 복잡해지면 귀찮은 일만 더 많아지는 것 같을 때가 있기 때문이다.

'감정이란 참 거추장스러워.'

이런 생각이 나도 모르게 드는 순간이 있다. 하지만 감정이 흑과 백만 있다면 인생은 정말 재미없어진다. 예를 들어 친구가 내게 잘못을 해서 화가 날 일이 있었다. 내 감정의 색깔이 단순하다면 내 마음의 판사는 무죄 아니면 사형 두 가지 판결밖에 내리지 못할 것이다. 나는 실없는 사람이거나, 냉혹한 사람이거나 둘 중 하나가 된다. 내가 다양한 감정으로 반응하고, 상대방 역시 그렇게 반응해 주면 우리의 관계는 더욱 유연해지고 풍성해진다. 감정은 다양해 지는 것이 좋다.

감정은 가만히 있는데 저절로 알아서 풍부해지는 것은 아니다. 노력하기에 따라 개인차가 엄청나게 크다. 세밀한 감정을 잘 이해 하고 표현하는 사람이 되려면 노력을 해야 한다.

나는 좋은 영화를 보거나, 고전으로 인정받은 문학 작품을 감상 하기를 권한다. 내 취향이 아닐수록 더 좋다. 신나는 액션 영화나 에스에프 영화를 좋아하는 친구라면, 인간의 마음을 섬세하게 그 린 잔잔한 영화를 한번 꾹 참고 보면 좋겠다. 마음 안에서 뭔가가 뭉클 솟아오르고, 어떤 부분은 마치 내 이야기 같다는 느낌이 조금 든다면 감성이 풍부해지고 있다는 징조이다.

오랫동안 사람들이 읽어 고전이 된 작품들은 인간 심리의 다양 한 면을 날카롭게 묘사하고 있다. 이런 작품들을 끈기를 갖고 읽어 보면 새로운 감성의 문이 열릴 것이다. 나는 고등학교 2학년 중간고사 기간에 『전쟁과 평화』를 야금야금 읽었는데, 돌이켜 보니 그때 나의 감성이 참 풍성해진 것 같다. 게다가 시험 기간에 읽으니 어쩐지 더 감동적이었다!

나 좀 이중적인가

십 대가 되면 감정이 다양해지는 한편으로, 그 감정을 숨기거나 표현을 자제하는 일도 종종 생긴다. 관계의 폭이 넓어지면서 부모님, 친구, 선생님, 이성 친구 등을 만날 때, 전과 달리 관계의 종류에 따라 조금씩 다른 모습을 보이는 것이다.

"친구들 사이에서는 밝고 명랑한 편이지만, 가족들은 나를 이해해 주려 하지 않기 때문에 집에 들어오면 조용히 지내려고 한다."

이런 식으로 자신의 관계 맺기 방식을 상황에 따라 적절히 구별하고 표현도 제어하는 데에 익숙해진다. 이때는 본의 아니게 부모님을 놀라게 할 때가 있다. 부모님에게 늘 보여 주던 모습 말고 다른 모습을 보여, "내가 알던 아이가 아닌데?" 하고 깜짝 놀라게 만드는 것이다. "왜 안 하던 짓을 하니?"라고 부모님이 야단이라도 치신다면 억울해질 수 있다. 내가 잘못한 것이 아니라 단지 부모님이 사춘기 때는 관계에 따라 서로 다른 모습을 보이는 데 익숙해진다는 사실을 모르셨을 뿐이다.

놀란 부모님에게는 십 대의 심리 발달 과정에 대해 차분히 설명을 드리면 되겠지만, 정작 문제는 나에게 일어난다. 내가 내 모습을 보면서 혼란스러워지는 것이다. '무엇이 정말 나일까?' 하는 고민이 들이닥친다. '나 좀 가식적인가?' 하는 자학에 빠질 수도 있다. 자기 개념이 일관되지 않은 것같이 느껴지기 때문이다.

하지만 시간이 흐르면서 '가식적인 나'도 나의 일부이고, '어른들의 말을 순종적으로 잘 듣는 모범적인 나'도 나의 일부이며 '공상의 나래를 펴며 백일몽을 꾸는 나'도 또 다른 나의 일부라는 것을 받아들일 줄 알게 된다. 어느 하나만으로 100을 이루는 게 아니라, 나의 여러 조각들이 하나하나 퍼즐을 맞추듯 그림을 만들어 가서 마침내 온전한 나를 완성해 낸다. 그 안에는 참 소중하고 자랑스러운 모습도 있고, 지워 버리고 싶을 만큼 못난 모습도 있다. 부정하고 싶은 부분도 안고 가겠다는 용기를 내야 비로소 혼란을 통합하고, 거짓 포장이 없는 나의 실체를 만들어 낼 수 있다.

청소년기는 언제 끝날까?

어정쩡한 청소년기를 빨리 지나고, 어서 어른이 되고 싶다고 생각하는 친구들이 많을 것 같다. 그런 친구들에게는 다소 실망스러운 소식이겠지만, 요즘 추세를 보면 청소년기는 꽤 오래 지속된다.

시작은 빨라지는데 끝은 늦어져서 그렇다.

청소년기는 어른, 즉 성인이 되면 끝난다. 그럼 성인은 언제부터일까? 그 기준이 참 애매하다. 일단 법적으로는 만 19세이다. 대략 대학에 입학하는 시점이다. 그래서인지 대학 입시에 실패해서 재수를 할 때에는, 왠지 나만 아직 청소년인 것같이 느껴지기도 한다.

고전적으로는 '결혼'을 하면 성인으로 보기도 한다. 결혼해서 자기만의 가족을 만들고, 아이를 낳으면 어른이라고 보는 견해다. 이런 관습은 법에도 남아 있어서 부모가 동의한다면 만 18세에도 결혼을 할 수 있고, 이후에는 민법에서 규정하는 성인이 된다. 만일 부모님이 반대한다면? 그때에는 만 19세가 될 때까지 기다리는 수밖에 없다. 그러나 그런 사람은 매우 드물다. 도리어 여성과 남성 모두 초혼 연령이 점점 늦어지고 있다. 2015년에 우리나라 남

성인의 법적 기준은?

우리나라 민법에서는 만 19세부터 성인으로 보기 때문에 이때부터 청소년 보호법에서 벗어나 술집에서 술을 마실 수 있다. 만 19세부터는 사회적으로 성인이 되었으니 자신이 한 행동에 대해 스스로 판단하고, 책임을 져야 한다고 법이 규정한 것이다. 선거법에서도 만 19세가 되면 참정권을 준다. 한편 도로교통법에서는 만 18세가 되면 운전면허를 딸 수 있다고 규정한다. 민법상 성인의 기준보다 한 살 일찍 자동차 운전을 허용했다. 영화관에서 '청소년 관람 불가' 영화를 볼 수 있는 것도 만 18세 이후다. 이렇듯 성인의 기준 연령이 다른 점은 논란이 되고 있다.

녀 평균 초혼 연령이 서른을 넘어섰다고 한다.

　사회적으로 보면 경제 활동을 하는 것이 성인의 기준이라고 할 수 있다. 요새 이를 '일인분'이 되었다고 표현하기도 한다. 아르바이트가 아닌 직업을 얻었을 때, 즉 "저는 이런 일을 합니다."라고 말할 수 있는 사회적 정체성을 가지면 어른이 되었다고 본다.

　그런데 이 기준대로 하면 어른이 되는 데 한참 걸린다. 대학을 나오고, 각종 자격증을 따고, 군대를 갔다 오다 보면 이십 대도 금세 지나가기 때문이다. 게다가 취직하기도 점점 어려워지고 있다.

　여러 기준을 종합해 보면, 청소년기를 완전히 벗어나려면 일단 만 19세를 지난 뒤, 결혼을 하거나 다른 방식으로 부모에게서 심리적 독립을 하고, 취직을 해서 경제적으로도 독립을 해야 한다. 그러니 이십 대 중반까지도 '나는 완전히 어른이야.'라는 생각을 하기 어려운 사람이 많은 것이 현실이다.

　분명한 건 청소년기가 홍역같이 짧게 앓고 지나가는 시간이 아니라는 것이다. 그러니 조바심을 내기보다는 천천히 준비한다는 마음으로 가 보자. 그리고 조금씩 어른이 되는 연습을 해 보자.

2부

텅 빈 마음,
무엇으로 채우지?

I

몰입이라는 황홀한 경험

좋아하는 마음을
꽉 붙잡아

"아빠, 내일 새벽 3시에 깨워 주세요."

얼마 전 중학생 아들이 금요일 밤에 이런 부탁을 했다. 무슨 일이 있길래 새벽부터 일어나려고 하지?

"서코 들어가려면 일찍 가서 줄 서야 해요."

서코? 이건 또 뭐지? 아이의 설명을 더 들어 보니 서코는 만화 축제인 서울 코믹 월드의 준말이었다. 한창 애니메이션에 빠져 있는 아이는, 다음 날 친구와 함께 서울 코믹 월드에 가서 구경도 하고 물건도 사기로 했는데, 일찍 들어가야 좋은 물건을 구할 수 있기 때문에 새벽부터 나서야 한다는 것이다.

아침잠이 많은 아들이 새벽 3시에 일어날 수 있을까 싶었는데, 아들은 정말로 깨우자마자 벌떡 일어나서는 금세 준비하고 집을 나섰다. 그리고 몇 시간이나 줄을 서서 기다린 끝에 마침내 원하는 것을 사 왔다. 집에 돌아온 아들의 얼굴은 매우 피곤해 보였지만 성취감이 가득했다.

어떤 사람은 공부를 그렇게 하면 전교 일등은 따 놓은 당상이겠다고 혀를 끌끌 찰 수도 있다. 그러나 나는 아들의 그런 모습이 보기 좋았다. 십 대 시절에 진심으로 좋아하는 것을 찾아내고, 그것을 좋아서 열성적으로 움직여 본 경험은 앞으로의 삶에 매우 중요한 자산이 되기 때문이다.

의사로서 나는 학교생활에 잘 적응하지 못하는 중고생을 많이 만난다. 그중 많은 학생은 공부에 관심을 갖고 싶어도 이미 많은 부분 뒤처져 있어서 고민스러워한다. 그러면 일단 공부는 천천히 생각해 보자고 하고 나는 이런 질문을 제일 먼저 던진다.

"좋아하는 것이 있니?"

이때 아이가 "저는 '덕후'예요."라고 말하면 희망이 보인다. ('덕후'는 마니아를 가리키는 속어.) 물론 그때 아이의 표정은 썩 밝지 않다. 공부가 아닌 딴짓에 몰두한다는 생각에 위축된 것이다. 아마 어른들에게 많이 야단맞았을 것이다. 하지만 아무리 하찮은 것이라도 좋아하는 것, 해 보고 싶은 것, 한번 미쳐 본 것이 있는 아이에게서는 변화의 실마리를 찾기 쉽다.

하지만 같은 질문에 이렇게 대답하는 아이들은 어디서부터 시작해야 할지 막막하다.

"없어요."

"글쎄요, 생각해 본 적도 없어요."

"있긴 있었는데, 조금 하다가 말았어요."

컴퓨터 게임을 좋아한다면 이왕이면 한 번쯤은 중독이 아닐까 싶을 정도로 몰입해 보는 것이 좋다. 밤을 꼬박 새우고, 1박 2일 동안 게임의 원리를 파헤치고, 승부욕에 불타올라 지면 화도 내 보고, 더 나은 공략법을 짜기 위해 친구와 머리를 맞대고 토론해 보고, 그렇게 짜 낸 전략을 실행해 보는 거다. 할 게 없어서 게임이나 한다는 마음으로 심드렁하게 한두 시간 게임을 하고, 그러니 이기는 판보다 지는 판이 더 많고, 나중에는 게임마저 재미없어지는 악순환의 고리에 빠져 있는 경우보다 훨씬 낫다. 왜 그럴까?

내 마음은
주인 없는 산

십 대 시기에는 많은 친구들의 마음이 무주공산, 즉 주인 없는 산이 된다. 한마디로 마음이 텅 빈다. 아마 지금 이 순간에도 이 말에 공감할 친구들이 많을 것이다. 십 대가 되면 어린 시절에 갖고 있었던, '아빠 같은 사람, 엄마 같은 사람이 되고 싶다'는 동일시 욕구가 더 이상 작동하지 않는다. 목표도 사라진다. 내 마음 안에서 자생적으로 타오른 것이 아닌 목표들은 더 이상 마음속에 설 곳이 없어진다.

이때 하고 싶은 것도, 해 보고 싶은 것도, 되고 싶은 것도 없는 사람은 마음이 말 그대로 텅 비게 된다. 공허하고, 헛헛하고, 혼란스러운 상태가 계속된다. 반면 아무리 바보 같고, 쓸모없어 보이는 것이라도 열정이 활활 타오르는 것이 있으면 다르다. 나 자신을 한 번 던져 보고 싶은 일이 생기면 그것은 내 마음의 가운데 자리를 차지하게 된다. 그리고 꽤 긴 시간 나의 중심이 되어 준다. 나라는 사람이 흔들리지 않게 하고, 앞으로 나아가게 하며, 방향성을 갖게 해 준다.

그건 마치 노 젓는 보트를 타고 가는 것과 같다. 처음 작은 보트 위에 앉으면 흔들흔들하는 것이 무섭기 그지없다. 이러다가 뒤집 어져서 물에 풍덩 빠질까 겁이 난다. 하지만 노를 젓고 속도가 슬금슬금 나기 시작하면, 신기하게도 흔들거리던 보트가 안정된다. 가만히 서 있을 때에는 작은 물결에도 보트가 출렁였지만 두 번 세 번 노를 저어 속도가 붙으면 보트는 흔들림 없이 기분 좋게 앞으로 나아간다.

이것이 바로 목표가 있을 때와 없을 때의 차이이다. 무엇이든 하고 싶은 것이 있어서 노를 젓기 시작하면, 나를 흔들어 대는 주변 일들에서 나를 지킬 수 있다.

남들이 뭐라 해도 이 방향이 맞는다고 생각해서 노를 젓다 보면 의외로 큰 성과를 얻을 때도 있다. '구글 $google$'을 만든 래리 페이지와 세르게이 브린이 바로 그런 경우이다. 이들이 처음 구글을 구상할 때, 당시 인터넷 검색 엔진의 '대세'는 최대한 많은 정보와 광고가 첫 페이지에 노출되는 것이었다. 하지만 지금 구글은? 구글 첫 페이지에는 검색창 하나만 달랑 나와 있다. 오직 검색 한 가지에만 집중한다는 것을 분명히 한 것이다. 그들은 일종의 역발상을 했고, 그 아이디어가 좋다는 판단을 내리자 그 방향으로 신나게 노를 저어 갔다. 그들이 도착한 곳이 바로 지금 여러분이 보고 있는 구글이다. '구글링'이 '구글로 검색하다'라는 뜻으로 2006년 『옥스퍼드 영어 사전』에 등재될 정도로 구글은 대표적인 사이트가 되었다. 꼭 이렇게 큰 성공을 하지 않아도 좋다. 한번쯤 '미친 척'하고 어디로든 신나게 노를 저어 보자. 그러려면 무언가 좋아하는 마음이 올라올 때, 이리저리 재지 말고 꽉 붙들어야 한다.

첫사랑은 불쾌한 느낌?

하고 싶은 것도 없고, 뭘 잘할 수 있을지도 모르겠고, 다만 어떤 이성 친구가 눈에 들어온다면? 이럴 때는 연애를 해 보는 것도 좋다. 누군가를 좋아해서 가슴이 두근거려 본 경험은 그 자체로 인생의 귀한 추억이자, 공허한 내 마음을 꽉 채워 주는 소중한 감정이다.

그런데 여기서 한 가지 주의할 점! 멜로드라마나 소설에서 그리는 것과는 딴판으로, 첫사랑의 느낌은 꽤 불쾌하게 찾아올 수도 있다.

내가 고등학교 1학년 때의 일이다. 독서실에 다닐 때 눈에 자꾸 들어오던 같은 학년의 여학생이 있었다. 귀여운 인상으로, 친구들과 웃으면서 대화하는 모습이 보기 좋았다. 그 독서실에서는 남자는 남자들끼리, 여자는 여자들끼리 네다섯 명씩 따로따로 몰려 다녔는데, 중학교 때 친구들이나 교회 친구들이 섞여 있어서 남녀 간에 연락은 되는 분위기였다.

그러던 어느 토요일 오후에 독서실을 나오다, 공부하러 들어가던 그 여학생과 마주쳤다. 눈인사를 하고 지나쳤는데 배 속에서 뭔가 뒤틀리는 느낌이 들기 시작했다. 곧이어 가슴이 터질 것 같았다. 그 후로 한동안 그 여학생 생각만 났다. 공부를 해야 하는데 자꾸 그 친구 생각만 나서 괴로웠다.

며칠 후 친구들과 잡담을 하다가 그 여학생이 화제가 되었고, 친구들이 내가 가진 호감을 눈치 챘는지 짓궂게 그 이야기를 꺼냈다. 나는 불쑥 이렇게 말했다.

"걔만 보면 토할 것 같아."

진심이었다. 친구들은 나의 '결백'을 확인하고는 토하는 시늉을 하며 낄낄거렸고 그 순간은 그렇게 넘어갔다. 그런데 일주일 후 그 여학생의 사물함이 비어 있는 것 아닌가. 다른 독서실로 옮겨 갔다는 소식을 들었다. 얘기가 돌고 돌아 내가 한 말이 전해진 것이었다. 알고 보니 그 여학생도 내게 호감이 있었는데, 소문을 듣고 충격에 독서실을 그만두었다는 것이다.

나는 그제야 그 친구만 생각하면 토할 것같이 울렁거리고, 터질 것같이 가슴이 두근거리던 것이 사실은 그녀를 무척이나 좋아하는 감정이었다는 것을 깨달았다. 여러분은 부디 나 같은 시행착오를 겪지 않기를 바란다.

재미있는 것은, 30년이 더 지난 지금도 여전히 그 여학생의 눈매와 얼굴이 생생하게 기억난다는 것이다. 첫사랑의 경험이라 내 뇌리 속에 '각인'되었기 때문일 것이다.

각인은 생물학에서 중요하게 쓰이는 개념이다. 각인 효과는 콘라트 로렌츠라는 학자가 동물 실험을 통해 입증했다. 혹시 새끼 오리들이 뒤를 졸졸 따라다니는 학자 사진을 본 적이 있는지? 그가 바로 로렌츠다. 알에서 부화해 갓 세상으로 나온 새끼 오리는 처음 눈앞에 보인 움직이는 동물을 자기 어미라고 생각한다. 그래서 그 동물을 졸졸 쫓아다닌다. 뇌가 백지처럼 하얗게 비어 있을 때 처음 찍힌 점 하나가 기준점이 되는 것이다. 로렌츠는 이 각인 효과를 설명하기 위해 자기가 직접 실험 대상자가 되었다. 새끼 오리들이 부화되어 나온 직후 맨 처음 자신을 보게 해서, 오리들이 그를 따라다니도록 했다.

로렌츠는 '알에서 갓 부화되어 나온 시기'같이 각인이 잘 일어나는 '결정적 시기'가 있다고도 했다. '뼈에 새긴다'는 각인의 말뜻처럼, 그 시기의 경험은 뇌 안에 깊이 박힌다.

첫사랑에도 결정적 시기가 있을까? 과학적으로 연구된 바는 없지만 수많은 사람의 경험에서 나온 시기는 있다. 십 대 시절에, 그 감정의 정체도 알지 못할 만큼 순수했던 시절에 처음으로 해 본 경험은 뇌 속에 깊게 새겨진다. 그리고 보물 같은 기억이 되어, 앞으로 살아가면서 겪을 삶의 풍파에서 나를 지켜 주는 힘이 된다.

물론 먼 미래를 위해 첫사랑을 일부러 시작하라는 말은 아니다.

다만 두고두고 쓸모 있으니 두려워하지 말라는 뜻이다. 누군가를 좋아하는 마음은 그 자체로, 바로 지금 흔들리는 나를 붙잡아 준다. 그러니 지금은 공부를 해야 하니까 누구를 좋아해서는 안 된다며 미리부터 선을 긋지 않아도 좋다.

스타에게
푹 빠져도 좋아

첫사랑까지는 이해해도 연예인을 좋아한다고 하면 부모님 중 열에 아홉은 쓸데없는 일에 몰두한다고 타박할 것이다. 그럴 때 보면 부모님은 청소년 시절에 연예인 따위에는 단 하루도 허투루 낭비하지 않았던 것만 같다. 하지만 바로 그 부모님들이 학창 시절에 피비 케이츠, 브룩 실즈 같은 배우를 좋아해서, 용돈을 모아 영화 잡지를 사서 오린 뒤, 코팅해서 벽에 붙이던 이들이다. 여러분의 부모님이 나와 비슷한 연배이니, 그건 누구보다도 내가 잘 안다. 우리 교실에 가득했던 그 영화배우들! 그런데 자녀 앞에만 서면 부모님들은 그 기억은 온데간데없고 자녀가 지금 엑소를 좋아하는 것만 못마땅해하신다.

그런데 왜 많은 청소년이 연예인, 혹은 스포츠 스타에 열광할까? 물론 청소년 여러분만 그러는 것은 아니다. 한류 열풍에서 보듯 어른들도 이따금씩 드라마 속 주인공에게 깊이 빠진다. 그런데 청소년 시기에는 스타를 좋아하는 마음이 유달리 강해지는 것도 사실이다. 이 시기에 좋아했던 스타는 나이가 든 다음에도 쉽게 잊지 못한다.

이는 청소년기의 중대한 목표, 독립과 관계있다. 부모님에게서 독립하면서 자기만의 정체성을 만드는 시기에는 새로운 가치의 기준을 내게 보여 줄 존재가 필요하다. 내가 존경할 만한 존재나 이상화하고 싶은 존재, 스타라는 말 그대로 하늘의 별과 같은 존재를 발견하고 싶어진다. 그래서 내 주변의 어른들보다 훨씬 잘난 것 같고, 흠 없이 유능해 보이고, 보기만 해도 기분 좋은 존재를 발견하면 그를 좋아하는 일에 흠뻑 빠진다. 그리고 그렇게 흠모하는 마음은 강한 애착이 된다.

아이돌 가수에 매혹되어, 콘서트 표를 구하기 위해서 밤새 줄을 서고, 공연을 찾아가 응원하고 열광하는 것, 그 사람에 대해 누구보다 많은 정보를 가지려고 경쟁하는 것은 일종의 몰입이라고 할 수 있다.

혹시 연예인을 좋아하면서 "창조적인 성취감과 고조된 기능에서 오는 만족스럽고 기운찬 느낌"이 든 적이 있는지? 아니면 "낙관적인 자세로 주변 세계에 깊이 열중"해 본 적은? 또 아니면 "삶이 고조되는 순간에 물 흐르듯 행동이 자연스럽게 이루어지는 느낌"이 든 적이 있는지?

바로 그것이 심리학자 미하이 칙센트미하이가 소개한 '몰입 *flow*'

시현아!
공부는 언제
할 거야?

찰칵

20년 후 시현은
동물 행동학 박사가
되었다.

학창 시절은
어땠나요?

고양이만
쫓아다녀서
맨날 혼났죠.

문화
초대석

공부는 아니었지만,
무언가에 몰입하던
활기차고 빛나는
순간이 지금의 저를
만들었어요.

이후 시현은 『동물 언어 대사전』을
집필했으며, 특히 '야옹야옹'과
'이용이용'의 의미 차이를
밝혀내 학계의
찬사를 받았다.

동물 언어
대사전
강시현 저

시현이 죽은 후
그의 무덤에는

강시현
여기
잠들다

동물 참배객의 발길이
끊이지 않았다고 한다.

의 개념이다. 이런 몰입의 경험은 이후 다른 분야에서 중요한 성취를 해내는 데 중요한 바탕이 된다. 몰입을 경험해 본 사람은 변화에 대한 추동력을 얻을 수 있고, 자기 능력에 대한 확신을 가질 수 있기 때문이다. 몰입을 잘할 수 있고, 해 본 사람이어야 어느 이상의 성취를 할 수 있다. 그러니 지금 연예인에 심하다 싶을 만큼 몰입하고 있다면 그 느낌에 충실해도 좋다.

물론 스스로 정하는 경계는 있어야 한다. 그저 부모님에게 반항하기 위해 일부러 '덕질'을 한다면 나에게 별로 남는 것이 없다. 또 몰입해서 하는 활동이 오직 많은 돈을 쓰는 것밖에 없다면 그것도 옳은 방향은 아니다.

여러분도 연예인 기획사나 스타 산업의 명암에 대해서 익히 들어 알고 있을 것이다. 대중문화 산업에서는 아이돌의 주 소비자인 청소년들의 마음을 자극해 더 많은 상품을 팔려고 늘 애쓴다. 그런 흐름에 휩쓸리지 말고, 자신의 중심을 세울 필요가 있다. 몰입하는 데에는 많은 비용이 들지 않는다.

반대하면
더 하고 싶어진다?

뭔가에 미쳐 보는 행동은 부모님의 강한 반대에 맞닥뜨릴 가능성이 크다.

"대학 간 다음에 해."

이런 말에 기세가 꺾여 돌아서다가도, 마음속으로는 이런 반발심이 들 것이다.

'나한테 다음은 없어. 지금 오늘뿐이란 말이야.'

만화 『슬램덩크』에 나오는 강백호 선수의 마음과 같다고 할까? 이 만화의 한 장면에서 농구 선수 강백호는 경기를 펼치던 중 큰 부상을 입는다. 이대로 계속 뛰면 선수 생활에 지장이 있을지 모른다며, 다음을 위해 그만 뛰는 게 어떻겠냐는 감독의 충고에 강백호는 이렇게 대답한다.

"영감님의 영광의 시대는 언제였죠? 국가 대표였을 때였나요? 난 지금입니다!"

그리고 다시 코트로 나간다.

선수 생활이 위태롭다는 경고를 받고도 지금 당장에 충실한 강백호만큼은 아니어도, 여러분 역시 이전과 달리 '더는 못 참겠어.' 하는 마음이 강하게 들 때가 있을 것이다. 이것은 정말 해 보고 싶은데, 왜 이것까지 하지 말라는 것인지 이해할 수 없고 그러니 더욱 화가 나고 반항하고 싶어진다. 이런 것을 '로미오와 줄리엣 효과'라고 부른다.

미국의 사회 심리학자인 리처드 드리스콜은 동료들과 함께 콜로라도 주의 커플 280명을 대상으로 재미난 조사를 하나 해 보았다. 부모의 반대와 사랑의 깊이 사이의 상관관계를 조사한 것이다.

흥미롭게도 부모의 반대가 강할수록 두 사람 간의 사랑이 깊어지는 것을 발견했다. 그리고 간섭을 많이 하던 부모들이 간섭을 줄이자 사랑의 강도는 오히려 점차 약해졌다.

이런 효과는 사실 청소년뿐만 아니라 모든 사람에게 해당된다. 인간은 누구나 본능적으로 자기 생각을 지키고 싶은 마음이 강하다. 반대하는 사람이 많으면 누구든 로미오와 줄리엣이 될 수 있다. 다른 사람의 말이 맞아도 내 생각과 다르면 일단 아니라고 주장하고 싶어진다. 마치 용수철을 누르면 더 튀어 오르는 것과 같다.

자기 생각이 뚜렷해지는 청소년 시절에는 많은 이들이 로미오와 줄리엣이 된다. 부모님들은 "너 좀 컸다고 반항하는 거니?"라면서 못마땅해하실 수도 있지만, 그런 비난에 너무 움츠러들지 않아도 좋다. 저항은 인간이 자유와 자존심을 보호하기 위한 것이다. 순응하고 싶은 마음보다 자유를 지키고 싶은 마음이 더 앞서는 것은 자연스러운 일이다.

그러다 보면 더욱 열심히 매달리고 몰입하게 되는 좋은 '부작용'도 생긴다.

"거 봐라. 금방 싫증 낼 거라고 했지?"

이런 부모님의 비아냥과 조롱이 듣기 싫어 이를 악물고, 처음 생각보다 어렵고 재미없더라도 괜히 더 집중하게 된다. 그러니 마음속에서 반발감이 든다면, 부모님과 싸우는 데에 에너지를 낭비하기보다는, 그 감정을 생산적인 방향으로 이용해 보자.

2
내가 뭘 좋아하는지 말할 수 없어

말할 수 없는 이유

"전 정말 좋아하는 게 하나도 없다니까요!"

연예인이든 첫사랑이든 좋아하는 것에 한번 미쳐 보라고 아무리 말해도, 여전히 자기는 좋아하는 게 없다고 말하는 친구들이 꼭있다. 그런 친구들의 말 뒤에는 여러 가지 생각이 숨어 있다.

첫 번째, 좋아하는 게 있긴 하지만 비웃음을 살까 봐 말하기 싫다. "요리사가 좋아요" "애니메이션을 하고 싶어요."라고 말하면 그다음에 나올 엄마의 일그러진 표정, 선생님의 황당해하는 얼굴, 친구들의 냉소가 바로 떠오른다. 좋아하긴 하지만 아직 잘하진 않을 때, 직업으로 할 정도로 소질이 보이지 않을 때라면 더욱 그렇다. 이럴 때면 '음성 지원'까지 생생하게 들려와서 더욱 입이 열리지 않는다.

"나 요리사를 해 볼까?"

"집에서 설거지 한번 제대로 안 해 놓고서?"

"요리는 좋아해."

"엄마한테 밥 한 끼 해 준 적 있니? 너 요리사가 얼마나 힘든 줄 알아?"

"그래도 해 보고 싶어."

"그럼 오늘부터 네가 밥 하고 반찬 해라. 잘됐다. 엄마가 공부 할게."

이런 대화가 오갈 것이 99.9% 분명하다고 생각하는 친구는 좋아하는 것이 무엇인지 말하기는커녕 아예 처음부터 그런 건 없다고 하기 쉽다.

물론 그 반대도 있다. 비웃음이 아니라, 지나친 관심을 살까 봐 말하기 싫은 경우. 자식이 공부 이외에 다른 것에 재미를 붙이는 게 보인다 싶으면 부모님들은 그것을 바로 직업적 성공 가능성이나 대학과 연관해서 상상하는 나쁜 버릇이 있기 때문이다. 하다 말 수도 있는데, 아직 확실한 건 하나도 없는데 부모님이 먼저 나서서 '오버'하시면 부담스럽다. 나중에 실망시키면 어쩌나 걱정하다 보면 괜히 좋아하는 마음도 사그라든다. 그러니 부모님에게 평소에 내가 뭘 좋아하는지 꼭꼭 숨긴다.

두 번째, 정말로 생각해 본 적이 없다. 언제 내가 좋아하는 것을 찾아볼 여유, 하고 싶은 것을 해 볼 여유를 준 적이 있었나? 없으면서 때만 되면 다짜고짜 빨리 네 꿈을 말하라고 하는 어른들을 이해하기 힘들다. 우물쭈물 대답을 못 하면 너희는 왜 꿈도 없고 좋아하는 것도 없냐면서 혀를 찬다. 좋아하는 것이 생기려면 세상에 재미난 일이 뭐가 있는지 구경이라도 한 뒤에 생각할 시간을 가져야 한다. 그리고 생각이 정리되어야 남 앞에서 비로소 말을 할 수 있다. 그럴 여유도 준 적 없으면서 꿈은 당연히 있을 것이라고 여기는 어른들의 심리가 도무지 이해되지 않는다.

세 번째, 나는 좋아하는 것을 가질 가치도 없다고 생각한다. "나 따위가 이런 걸 좋아한다고 말하면 욕만 먹을 거야." 혹은 "나는 뭘 좋아하고, 그걸 추구할 가치도 없는 존재야."라며 미리 판단해 버린다. 자존감이 낮은 친구들이 곧잘 이런 생각에 빠진다. 자기 자신의 가치를 비현실적으로 낮게 평가하는 것이다. 세상에 꿈을 꿀 자격이 없을 만큼 쓸모없는 존재가 있을까? 그런 사람은 없다는 당연한 사실을 설득하는 것이 의외로 힘들다.

네 번째, '무엇을 하는 것' 자체에 질려 버렸다. 어른들이 흔히 "(내 안의 열정을) 다 태워 버렸어."라며 농담 반 진담 반으로 묘사하는 상태가 있다. 과로와 스트레스에 시달린 나머지 몸과 마음이 항복 선언을 한 상태, 지칠 대로 지쳐 버린 '번아웃 증후군'이다.

연구에 따르면 어린이나 청소년도 이와 비슷한 상태에 놓일 수 있다. 부모님의 뜻대로 아주 어릴 때부터 열심히 공부하고, 예체능 학원도 빠지지 않았다. 항상 열심히 노력해야 한다는 마음이 배어 있는 모범생 중의 모범생이다. 그런데 언제부터인가 몸과 마음이 천근만근 무겁고, 신이 날 일에도 반응이 안 생기고, 잠도 오지 않고, 집중도 안 된다. 독일 정신과 의사인 미하엘 슐테마르크보르트는 이런 아이들을 '번아웃 키즈'라고 불렀다. 교육 선진국이라는 독일에서도 어렵지 않게 볼 수 있다고 한다.

여러분 중에도 이런 '번아웃 청소년'이 적지 않을 것이다. 너무 빨리 달리기를 시작한 나머지, 인생의 본 레이스는 시작도 하기 전에 제풀에 지쳐 버린 셈이다. 성실한 사람일수록 더욱 그렇다. 청소년기에 으레 하는 한두 번의 일탈도 경험하지 못하고, 자기에게 주어진 책무를 열심히 했다. 헌신적으로 학생의 '본분'에 전념했는데, 그 결과는 과부하, 긴장, 탈진이니 더욱 안타깝다. 어른들은 이런 지경에 이르면 "이건 아니야!"라면서 떨어져 나와 스스로 몸과 마음을 추스르기도 하는데 '착하고 성실한 학생들'은 그러기도 쉽지 않다. 이런 상태가 되면 '좋아하는 것'을 생각하는 것 자체가 또 다른 부담이 될 뿐이다.

좋아하는 것을 만들려면 이런 여러 가지 장벽을 뛰어넘어야 한다. 그런데 이 네 장벽에는 공통점이 있다. 바로 남의 시선, 주변의 평가에 대한 두려움이다.

행복의 조건, 개인주의

　청소년 여러분뿐만 아니라, 어른들도 대부분 남의 평가에 민감하다. 연구에 따르면 서양에 비해서 동양 사람들이 주변의 평가에 더욱 민감한 편이다. 이를 학자들은 개인주의와 집단주의의 차이로 설명한다. 서양은 개인주의, 동양은 집단주의가 개인의 선택에 더 많은 영향을 미친다고 한다.

　개인주의는 거칠게 설명하자면 주변에서 누가 뭐라고 하든 자기 선택이 중요하고 당연하다고 여기는 경향이다. 반면 집단주의는 개인보다 그 사람이 속한 집단의 뜻과 방향을 따르는 것이 먼저이고 그게 옳다고 여기는 경향이다. 이비에스 EBS 의「동과 서」라는 다큐멘터리에서 서양과 동양의 초등학생이 자기소개를 하는 장면이 나온 적이 있다.

　한국의 초등학생은 이렇게 자기소개를 했다.

　"저는 ○○초등학교 ○학년 ○반 ○○○입니다."

　서양 초등학생은 어떻게 했을까?

　"내 이름은 ○○○예요. 난 축구를 좋아합니다."

　한국 초등학생이 자기가 속한 대집단부터 시작해서 맨 마지막에 자기 이름을 이야기한 데 반해, 서양 어린이는 이름부터 시작해서 자신을 중심으로 주변을 설명했다.

어른들도 마찬가지였다. 이 다큐멘터리에서 어느 동양인 어른은 자신을 이렇게 소개한다.

"우리 부모님의 1남 2녀의 장녀이고, 두 아이의 엄마이며, ○○ 회사의 과장을 맡고 있습니다."

그럼 서양인 어른은?

"나는 성실하고 친절한 성격이며, 요리가 취미이고 금융 분야의 일을 하고 있습니다."

동양인은 인간관계를 중시하고, 자신은 물론 타인에 대해서도 관계를 중심으로 이해하려는 경향이 있다. 이런 문화에서 자란 사람들은 주변에서 나를 바라보는 관점, 집단 안에서 나의 위치를 더 우선시한다. 남의 평가에 훨씬 민감할 수밖에 없다. 내 주변 사람들과의 관계 안에서 '나'를 규정한다. 그러니 "누가 뭐라고 해도 내가 좋은 것이 좋아."라고 말하려면 큰 용기가 필요하다.

이는 행복과도 관계있다. 연세대학교 서은국 교수는 『행복의 기원』이라는 책에서 '개인주의'가 행복감에 아주 중요하다고 주장한다. 북미나 유럽 사람들이 부자라서가 아니라 개인주의적 성향이 강해서 행복감을 많이 느낀다는 것이다. 반대로 개인주의가 부족한 사회는 아무리 부유해져도 행복이 그에 비례해서 늘어나기 어렵다. 여러분이 행복감을 충분히 느끼지 못하는 데에는 이런 요인도 있을 것이다.

게다가 아직 부모님의 지붕 아래 살고 있는 여러분에게 개인주의는 먼 산의 구름같이 보일 수밖에 없다. 하지만 최소한 주변의 이런 '획일적인' 사고방식에 대해서는 좀 더 당당해져도 좋다.

"그건 해서 뭐하게?"

"좋은 대학 가야 사회에서 성공해."

명문대를 나와서 전문직에 종사하거나, 대기업을 다녀야만 행복하다고 여기는 한, 우리는 행복해지기 어렵다. 그저 세상에 순응하고 일등을 위해 달려가느라, 좋은 대학만을 바라보느라, 자기가 뭘 좋아하는지 찾지 못하고, 찾은 뒤에도 말하지 못한다면 행복해지기 어렵다.

내가 무엇을 하고 싶은지 당당하게 말하는 것은 행복해지겠다고 선언하는 것과 같다.

3
칭찬을 자급자족하자

자존감과
자존심의 차이

무엇인가 열렬히 좋아하는 마음, 행복해지겠다는 결심은 곧 자존감self-esteem으로 이어진다. 자존감은 나 자신에 대한 인식, 내가 나를 어떻게 바라보는가에 관한 것이다. 다른 사람과 비교해 보니 어떻더라 하는 평가와는 관계없다. 흔히 자존감과 자존심self-regard을 혼동하는데 둘은 엄연히 다르다. 남과 비교를 통해 자신을 높이려는 태도는 자존심에 속한다.

남이 나를 어떻게 보고 평가하는지에 민감해지면 자존심만 높고 자존감은 낮은 어이없는 심리 상황에 빠지기 쉽다. 남들보다 낫고 싶은 마음에 자꾸 비교를 해 보지만 실제 내면에서 자기 자신에 대한 평가는 매우 낮다. 비교하니까 내가 못하는 것, 나에게 없는 것만 자꾸 눈에 들어오고 그러니 속상하기만 하다.

자존심이 강한 사람은 약점과 결점에 집중하고, 타인을 평가할 때에도 약점만 자꾸 잡고 늘어진다. 그러다 보니 좋은 관계를 유지하기 어렵고, 친구들에게도 '열폭'(열등감이 폭발한다는 뜻의 속어.)하는 캐릭터로 인식된다.

지금 여러분에게 필요한 것은 자존심이 아니라 자존감이다. 자존감이 강한 사람은 자신의 강점과 재능에 집중한다. 자기가 갖고 있는, 작지만 소중한 자산을 중요하게 여기고 그것을 어떻게든 잘 관리해 가려고 노력한다. 그러느라 바빠서 남과 비교할 여유도 없고, "나 이거 잘해."라며 애써 증명하려고 안달복달하지도 않는다. 반면 자존심만 강한 사람은 늘 부족한 부분과 약점을 신경 쓰며 살기 때문에, 약점을 들키지 않으려고 방어적 태도를 취한다. 자신을 드러내지 못하고, 남과 자꾸 거리를 두고, 평가는 잘하지만 정작 무엇에든 나를 던지지는 못한다.

자존감이 낮은 사람이 쉽게 자존감을 높이는 방식은 남의 인정을 받는 것이다. 그러나 자존감은 남의 인정으로 채워지지 않는다. 나 스스로 내 능력에 대해 확신할 때 비로소 자존감이 증가한다. 이렇게 내부에서 직접 만드는 것이 안 되면 손쉽게 '수입'하려 하지만 그 방식에만 의존하다가는 스스로 자존감을 높이는 방법을 잃고 연약해질 위험이 있다.

그렇게 취약해진 캐릭터로, 우리가 잘 아는 사람이 한 명 있다. 바로 백설 공주의 새어머니인 왕비이다. 이 왕비가 아침마다 거울 앞에서 치르는 의식이 있다.

"거울아 거울아, 이 세상에서 누가 가장 예쁘니?"

"그야 왕비님이지요."

왕비는 매일 말하는 마법 거울과 이런 대화를 나눈다.

나는 "왕비님이 제일 예쁘지요."라는 거울의 대답을 들으면, 왕비는 하루를 살아갈 힘을 얻을 수 있었던 것이 아닐까 상상해 보았다. 내친김에 왕비의 처지와 속마음을 더 상상해 볼까? 아마도 왕비는 미천한 집안에서 태어나, 오직 미모만으로 홀아비인 왕의 눈에 들어 왕비가 되었을 것 같다. 왕궁에서 지내는 하루하루는 불편하기만 하다. 사람들이 왕비 앞이라고 머리를 조아리기는 하지만 진짜 존경하지는 않는 것 같다. 뒤에서는 돌아가신 전 왕비의 아름다움을 칭송하며, 의붓딸인 백설 공주가 곧 제 어미만큼 아름다워질 것이라고 쑥덕거리는 것 같다. 그러니 아침에 침대에서 일어나 아무리 정성껏 치장을 해도 방을 나서기가 두렵다.

그럴 때 왕비는 거울 앞에 선다. 방을 나가기 전 마법 거울에게 "왕비님이 세상에서 제일 예뻐요."라고 확인받고 나면 하루를 버틸 힘이 조금 생긴다.

이렇게 상상해 보니 왕비는 참 불쌍한 사람이다. 자존감이 땅에 떨어진 사람이니까.

성취는
자존감의 씨앗

왕비에겐 다행히 마법 거울이라도 있지만, 우리에게는 그조차 없다. 그래서 우리는 종종 거울 앞에서 초라한 자신을 발견한다.

정말 내가 보잘것없어서 거울 속의 내가 그렇게 보이는 걸까? 그렇지 않다. 거울은 우리 외모를 그대로 반사해 주는 것 같지만 알고 보면 외모뿐만 아니라 '지금 내가 느끼는 나의 자존감'도 함께 비추어 준다. 내가 초라하게 느껴지면 거울에 비친 내 모습은 더욱 왜소해 보이고, 내가 자신감이 넘칠 때에는 거울 속에서 슈퍼모델이나 영화배우 부럽지 않은 나를 발견한다.

사람은 제 잘난 맛에 사는 존재다. 그래서 보통은 거울을 보면서 자존감을 펌프질한다. 내 원래 모습보다 조금 더 괜찮다고 자화자찬하는 것이다. 남 보기엔 우스꽝스러울지 몰라도 그것이 건강한 자기애다. 그래야만 밖에서 살아갈 때 생기는 불가피한 갈등, 망설임의 순간에 '그래도 이 정도면 잘한 거야.' '내가 맞아.'라고 다독이며 자아를 보호할 수 있다.

그런데 거울 속의 자신이 한없이 초라하고 작게 느껴진다면? 어디를 가도 공격당할 것 같아 위축되거나 예민해지고, 한마디 말이라도 하고 나면 제대로 했는지 의심스러워 조마조마하다면? 불안감 때문에 친한 사람에게 "내가 잘했니?"라고 물어보는데, 운 좋게 호응을 얻으면 그나마 자존감이 유지되지만, 냉정한 친구가 "너 좀 별로였어."라고 대답하면 그 한마디에 와르르 무너져 버린다.

왕비가 백설 공주를 해치려 한 데에도 그런 이유가 있지 않았을까? 어떤 상황에서건 무조건 왕비를 칭송함으로써 자존감을 펌프질해 주는 마법 거울에 의존해 왔는데, 그 거울의 힘으로 내면의 초라함을 상쇄해 왔는데, 그 거울이 어느 날 배신을 한 것이다. 세상에서 가장 아름다운 사람은 왕비가 아니라 백설 공주라고! 왕비는 자존감이 산산조각 나 버린 데다, 세상을 살아갈 원동력을 한순간에 잃어버렸기 때문에 엄청난 분노에 휩싸인 것일지도 모른다.

자존감이 낮은 사람은 이 왕비처럼 마법 거울을 원한다. 외부로부터 자존감을 수혈받기를 간절히 원한다. 칭찬에 중독된다. 그러나 매일 한결같이 칭찬을 해 주는 사람은 없다. 마법 거울만 가능한데 현실에선 구할 수 없는 물건이다. 그런데도 계속 마법 거울만 찾아다니다 보면 남에게 의존하게 되고, 비굴해지고, 칭찬을 구걸하게 된다. 어쩌다 인정을 받아도 진짜 인정받은 것 같지 않은 느낌이 든다. 잠깐은 기분이 좋지만, 이내 땅으로 떨어져 버린다.

그러면 어떻게 해야 할까? 마법 거울을 찾는 대신 칭찬을 자급자족하면 된다. 누가 찾아와서 나를 칭찬하고 용기를 북돋아 주기만을 기다리면 안 된다. 누가 밖에서 불어넣어 주는 것보다 더 확실하고 빠른 길은 내가 나를 칭찬하는 것이다. '셀프 칭찬'을 시작해 보자.

"저는 딱히 칭찬할 게 없어요."

이렇게 말할 친구들이 분명히 있을 것이다. 이런 친구들에게 소개하고 싶은 광고 카피가 하나 있다. 일본의 어느 교복 회사에서 만든 카피이다.

저는요, 반곱슬머리라서 비 오는 날에는 놀라울 정도로 부스스하지만 그 덕분에, 누구보다 파마 비용을 줄일 수 있습니다.

몸치라서, 잘하는 운동 하나 없지만 그 덕분에, 누군가에게 꼴찌라는 슬픔을 주지 않을 수 있습니다.

듣기 평가를 잘 못해서, 영어 점수를 깎는 '귀'지만, 당신의 이야기는 이상하리만치 잘 들립니다.

요리는 거의 못하지만 누구보다 맛있게 먹어 줄 입을 가지고 태어났습니다.

물건을 잘 버리지 못해서 늘 책상이 지저분하지만 사람의 마음을 저버리는 것도 잘 못 하는 편입니다.

소심해서 상처를 잘 받는 성격이지만 누군가에게 상처를 주는 말을 내뱉는 것도 겁나서 못 합니다.

눈이 매우 나쁘지만, 잘 보이는 것의 소중함을 누구보다 더 잘 압니다.

사람을 웃게 할 만큼 유머 감각이 풍부하진 않지만 늘 즐겁게 웃

이렇게 찾아보면 칭찬해 줄 만한 것이 하나도 안 나올 리 없다.

자존감이 높아지는 데는 시간이 필요하다. 자존감은 하루아침에 강해지지 않는다. 마치 근육과 같다. 운동을 한 만큼 근육이 생기듯 작은 성취와 나에 대한 만족, 작은 기쁨이 차곡차곡 쌓이면서 자존감도 올라간다. 꼭 성적에서만 기쁨을 얻을 필요는 없다. 공부 재능을 갖고 태어났거나, 시험을 잘 치르는 요령을 아는 사람은 소수이다. 누구나 각자의 흥미와 재능이 따로 있다. 좋아하는 것을 발견해 푹 빠지고 거기서 어떤 성취를 해 보는 경험은 굳건한 자존감의 씨앗이 된다.

그렇게 만들어진 자존감은 앞으로 세상을 살아갈 때 만나게 될 위기, 좌절, 실패로부터 나란 사람의 핵심을 지켜 줄 강한 방패가 될 것이다. 텅 빈 마음에 자존감을 채우자!

3부

공부가 나를
배신할 때

성적이 오르지 않는 이유

노력과 성적이
비례하지 않을 때

지난가을쯤 어느 고등학교 1학년 학생이 내 진료실을 찾아와서 불면증을 호소했다. 한창 공부 스트레스를 받을 나이였다. 하루 일과를 들어 보니 밤 10시에 학원이 끝나면 집에 와서 간단히 요기를 하고 학원 숙제를 하다가 새벽 1시에야 자려고 눕는다고 한다. 그런데 잠이 안 와서 뒤척이다 보면 어느새 두어 시간이 훌쩍 가고, 그러면 아침에 일어나기가 너무 힘들다고 했다. 졸린 기운에 하루를 보내고, 또 밤이 되어 자려고 누우면 잠은 안 오고…… 그게 반복되니 이제는 잠이 안 올까 봐 겁이 나서 무서울 지경이란다.

스트레스 때문에 생긴 전형적인 불면증이었다. 숙제를 하느라 신경이 곤두선 채 1시까지 앉아 있으니, 불을 끄고 누워도 바로 잠이 오지 않는 것이 당연하다. 쌩쌩 돌아가던 기계가, 스위치를 내린다고 바로 꺼지지 않는 것과 같은 이치다.

나는 학원에서 온 다음에는 숙제를 하지 말고 좀 쉬다가 자는 게 어떻겠냐고 권유했다.

"숙제를 안 해 가면 더 뒤처지고 선생님께 혼나요. 안 할 수가 없어요."

모범생이라 더 스트레스를 받고, 스트레스를 받으니 잠은 안 오고, 그러니 다음날 몸 상태가 안 좋아 집중이 안 되서 공부 효율이 떨어진다. 시험을 보면 노력한 것만큼 점수가 안 나오고, 그러니 더 스트레스를 받아서 공부하는 시간을 늘리려고 하지만 더욱 잠만 안 오는 악순환에 빠진 것이다.

아마 여러분 중에도 이런 친구들이 많을 것이다. 해결책은 따로 없다. 그저 공부 시간을 억지로라도 줄이고, 11시 이후에는 긴장을 풀면서 좋아하는 텔레비전 프로그램을 보거나, 게임이라도 잠시 하다가 자는 것이 불면증에서 벗어나는 길이다. 그러면 낮 동안 공부도 잘된다. 하지만 그게 말처럼 쉽지 않다. 스트레스만 나날이 더해 가니, 몸과 마음이 엉망이 된다.

공부 때문에 스트레스를 받는 학생이라면 모두 안타깝지만, 그 중에서도 가장 안타까운 친구들이 바로 이런 친구들이다. 열심히 하는데 성적이 오르지 않아서 괴로워하는 친구들. 최소한 노력한 만큼은 성적에 반영되면 좋겠는데, 그게 마음처럼 되지 않으니 얼마나 답답하고 속상할까!

내 경험상 이런 친구들에게는 공부가 인생의 전부가 아니라는 충고보다는, 노력한 만큼 성적이 나오는 공부법을 전해 주는 것이 더욱 효과적이다. 노력과 결과가 비례하면 공부 스트레스도 자연히 줄어든다.

그간 많은 심리학자와 뇌 과학자는 가장 효과적인 공부법에 대해서 오래 연구를 해 왔다. 그중에는 여러분에게 꽤 쓸모 있는 것도 있다.

근거 없는 자신감이 공부를 방해한다고?

나는 왜 공부가 잘 안 될까? 이렇게 생각하는 친구들 중 '메타 인지 능력'이 부족한 경우가 많다. 메타 인지 능력이란 내가 아는 것과 모르는 것을 스스로 파악하는 능력을 말한다.

혹시 주변에 공부에 관한 한 '근자감' 즉 근거 없는 자신감으로 똘똘 뭉친 친구를 본 적이 있나? 그런 친구들이 바로 메타 인지 능력이 부족한 친구들이다. 자신의 능력을 과대평가하는 것이다.

충분히 할 수 있는 것도 못한다고 처음부터 포기해 버리는 것은 자존감을 낮추지만, 아직 능력이나 준비가 턱없이 부족한데도 무조건 자기는 잘할 수 있다고 단정 짓는 것은 '근자감'을 만든다.

메타 인지 능력은 모든 영역에서 필요하다. 이성 친구를 사귈 때도, 회장 선거에 나갈 때도 필요하다. 공부할 때도 필요한데, 내가 무엇을 모르고 무엇을 아는가를 정확히 알기 위해서이다.

자기 능력을 과대평가하면 개선할 필요성을 느끼기 어렵다. 1999년 미국 코넬대학교의 데이비드 더닝과 저스틴 크루거라는 학자는 이런 실험을 했다. 유명 코미디 작가가 쓴 30편의 이야기를 골라 직업 코미디언에게 먼저 평가를 하라고 했다. 이들의 평가는 비슷했다. 유머의 전문가들은 비슷한 작품에 비슷한 점수를 주었다.

학자들은 이번에는 코넬대 학생 65명에게 똑같은 이야기 30편을 주고 점수를 매기게 했다. 이때 유머 감각이 높은 학생들의 평가는 코미디언들의 평가와 78%가 같았다. 반면 유머 감각에서 하위 25%인 친구들, 즉 유머 감각이 낮은 학생들은 재미없는 이야기 중에 56%를 재미있는 내용이라고 답했다. 더욱 흥미로운 것은 학생들에게 자신의 유머 감각을 점수로 매겨 보라고 하자, 재미난 작품을 잘 찾아내지 못한 학생일수록 자기가 유머 감각이 있다고 대답하는 비율이 높았다는 것이다. 즉 하위 25%의 참가자들은 자기 능력을 과대평가하는 경향이 있었다.

이 실험을 진행한 두 학자는 이를 이렇게 해석했다.

"어떤 일을 잘 수행하는 데 필요한 지식이나 지혜를 갖추지 못한 사람은 자신이 못한다는 사실 자체를 모르는 경우가 많다."

자기 능력을 과대평가하면 낙관적이기 쉽다. 낙관주의는 끈기를 낳기는 하지만, 반대로 나아지고 변화할 필요성을 느끼는 것을 방해해 그 자리에 머물게 하기도 한다.

'근자감'을 깨는 것은 꽤나 고통스럽지만, 성적을 올리려면 현실 감각을 갖추는 것은 꼭 필요하다. 우선 내 능력을 겸허하게, 객관적으로 파악해 보자. 아프고 괴로워도 일단 내가 알고 있는 것을 탈탈 털어 보자. 그러면 모르는 부분이 자연스럽게 드러날 것이다. 거기서부터 시작하자.

아는 문제만
풀지 말자

간혹 메타 인지 능력은 뛰어난데, 즉 자기가 아는 것과 모르는 것은 잘 구별하는데, 그러면서도 아는 것만 계속 공부하는 친구들이 있다. 아는 문제만 계속 푸니까 모르는 문제는 계속 틀린다.

공부란 내가 모르는 것을 채우는 것이지, 아는 것을 반복하는 것이 아니다. 이런 학생들은 무조건 오래 공부하는 것이 능사가 아니다. 아무리 오랜 시간 공부해도 새로 알게 되는 것이 별로 없기 때문이다. 바보 같은 일 같다고? 의외로 이런 학생이 적지 않다. 솔직히 말해 보자. 이미 다 아는 문제, 충분히 이해하고 있는 문제를 기계적으로 풀고 있지는 않은가? 이건 실력 향상에 별 도움이 되지 못한다. '내가 모르는 부분이 어디지?' 하고 끊임없이 찾고, 그 부분에 차근차근 접근해 지식을 늘려야 성적이 좋아진다. 그런데 인간적으로 이게 참 쉽지 않다. 사람은 누구나 아는 것을 반복하고 싶어 한다. 틀리는 것이 싫고, 어려운 것에 머리를 쓰는 것이 싫다. 두 가지 모두 나에게 고통을 준다.

어려운 것에 골머리를 앓는 것은 마치 5kg짜리 덤벨을 들던 사람이 15kg짜리를 들고 운동을 할 때 근육통을 느끼는 것과 같다. 마음 같아서는 그냥 계속 가벼운 5kg짜리 덤벨만 들고 싶다. 하지만 그러면 근육이 더 크고 강해지는 것은 포기해야 한다.

뇌도 마찬가지다. 그래서 많은 선생님이 '오답 노트'를 만들라고 조언하는 것이다. 오답 노트가 두꺼워지는 것을 두려워하는 친구들이 많다. 하지만 오답을 많이 발견할수록 실제 시험에 전혀 모르는 게 나와서 당황하지 않을 수 있다.

2
기억에 깊숙이 저장하려면

계획은 스마트하게

아는 것과 모르는 것을 구별한 뒤에는 본격적으로 공부 계획을 세워야 한다. 어떻게? '스마트'하게 세우면 된다. 생뚱맞게 영어 단어를 쓴 이유는 SMART의 다섯 알파벳이 좋은 계획의 모든 것을 담고 있기 때문이다.

Specific 구체적인

계획은 구체적이어야 한다. 막연히 "영어를 잘하고 싶다."가 아니라 "기말고사에서 영어 점수를 중간고사 때보다 10점 이상 올리겠다." 같은 구체적인 목표를 잡아야 한다.

Measurable 측정 가능한

계획은 이왕이면 '측정 가능'해야 한다. 여러분은 이런 면에서 편하다. 매 학기 최소 두 번의 시험을 보기 때문이다. 지난 성적이 70점이었으면 이번에는 80점을 넘기겠다는 식으로 '점수화' 가능한 목표를 세운다. "영어 회화를 잘하고 싶다."라는 추상적인 목표는 얼마나 달성했는지 측정하기가 어려우니 좋은 목표가 아니다.

Achievable 성취 가능한

그런데 그 측정 가능한 목표치가 너무 높으면 곤란하다. 약간 힘들지만 달성 가능한 정도여야 노력할 기운이 난다. 평균 40점인 친구에게 한 달 만에 90점을 받는 목표를 세우라는 것은 불가능한데도 자꾸 희망을 주어서 고통스럽게 만드는 것, 즉 '희망 고문'이 될 뿐이다.

Reasonable 근거 있는

열심히 노력해야 할 이유나 근거가 있어야 한다. "엄마에게 혼나지 않으려고요." "좋은 대학에 가려고요." 같은 막연한 것보다는 내가 나를 설득할 수 있는 것이 좋다. 예를 들어 "나는 영어 통역사가 되고 싶다."와 같이 자신이 노력하고 싶은 충분한 이유가 있으면 동기 부여가 훨씬 잘된다.

Time-limited 시간이 제한된

시간제한이 있으면 좋다. 이 경우도 여러분은 문제가 없다. 시험 기간이 있기 때문이다. 하지만 다른 종류, 예를 들어 운동이나 요리와 같은 것이라면 시간을 정해 놓고 하거나, 어떤 시험에 응시해 놓고 시작하는 것이 바짝 노력하는 데 도움이 된다.

최대한 잘게 쪼개라

"도대체 어디서부터 손을 대야 할지 엄두가 안 나요."

스마트하게 짜고 싶어도, 공부할 게 너무 많아 계획을 짜기 힘들다고 하소연하는 친구들이 많다. 이런 학생들은 대부분 이런 패턴을 따른다. 방학을 맞이해서 제대로 공부를 해 보겠다고 마음을 먹었다. 계획표에 국어, 영어, 수학에 암기 과목까지 다 써 놓고 보니 너무 방대해서 확 질린다. 처음에는 어찌할 바를 몰라 한다. 하지만 하루 이틀 지나면서 마음을 비운다. 슬금슬금 하나씩 포기한다. 이렇게 되지 않으려면 어떻게 해야 할까?

공부할 내용을 최대한 잘게 쪼개서 하루치 분량을 달성 가능하고 만만하게 만들어야 한다. 『수학의 정석』이 아무리 두껍다고 해도 잘게 쪼개면 하루치 공부량으로, 충분히 해 나갈 만한 분량으로 만들 수 있다. 엑셀 프로그램을 쓸 줄 안다면 이럴 때 활용하면 좋다. 과목별로 시트를 만들고 날짜와 요일을 쓰고, 해 나갈 분량 계획을 한 줄로 만들어 둔 뒤 그 옆에는 실제 해 낸 분량을 써 나가는 것이다. 이렇게 일목요연하게 해 놓고 나면 하루하루 채워 나가는 재미가 쏠쏠하다.

실제로 나는 책을 쓸 때에 엑셀을 이용해서 작업 분량을 적어 나간다. 책 한 권을 쓴다는 것은 꽤 길고 힘든 작업이다. 하지만 목차를 엑셀에 적어 놓고 한 챕터를 쓸 때마다 언제 얼마나 썼는지 적어 나가다 보면 성취감도 생기고, 진도도 쉽게 파악할 수 있다. 책 한 권을 쓰는 일은 엄두가 나지 않지만 한 챕터를 쓰는 것은 노력하면 달성할 수 있는 정도의 목표라서 용기도 생긴다. (지금 여기

1. 하루치 공부량으로 잘게 쪼갠다.

2. 엑셀로 계획표를 만들어

3. 매일 결과를 기록한다.

까지 쓰고, 이 책의 작업 상황을 적어 놓은 엑셀 표를 보니, 40% 이상 진척되어 있다. 조금만 더 쓰면 절반에 도달할 수 있다는 희망이 생긴다.) 이렇게 진도표를 만들어 두면 게으름을 피우거나, 뒤로 미루지 않도록 나 자신을 통제하는 데에 도움이 된다.

심리적으로는 이렇게 일을 세분화해서 달성 가능한 목표를 세우고 실제로 달성하면 '자기 효능감'이 강화되는 긍정적인 효과도 있다. 자기 효능감이란 '내가 이 부분을 잘 해낼 수 있다는 기대감'이기도 하다. 자기 효능감은 작은 성취들이 반복되면서 나날이 향상되는데 성취의 크기보다 빈도에 더 민감하다. 큰 성취를 어쩌다 한 번 하는 것보다는 작은 성취를 매일, 혹은 하루에도 몇 번 경험하는 것이 더 좋다. 남이 볼 때에는 별것 아닐지 몰라도 내가 내 힘으로 일을 해냈고, 목표를 달성했다는 사실은 자기 효능감을 높이고, 자존감까지 높인다. 원대한 계획 한 개보다 세밀하게 잘게 쪼갠 계획 여러 개를 세워 놓으면 더 자주 성공할 수 있다.

계획을 세우고 나면 첫 번째 목표를 최대한 빨리 실행에 옮기자. '시작이 반'이라는 말은 언제나 옳다. 일단 시작해서 "어, 되네?"라는 생각이 들면 성공이다. 작심삼일이라는 말은 더 이상 내 것이 아님을 증명해 보자.

오늘은
수학 끝장의 날?

"너, 교과서 몇 번 봤니?"

"지금 2독했고, 이제 3독 들어가."

공부 좀 하는 친구들에게서 흔히 들을 수 있는 말이다. 많은 학생이 여전히 조선 시대의 과거 시험이나 사법 시험을 준비하듯 교과서를 여러 차례 반복해서 읽고 달달 외우는 것이 가장 효과적인 공부법이라고 믿는다. 진짜 그럴까?

그렇게 하려면 굉장히 힘들고, 엉덩이도 아프니 뭔가 열심히 하고 있다는 느낌은 확실히 든다. 하지만 이 방법에는 몇 가지 문제점이 있다.

첫째, 시간이 많이 걸린다. 둘째, 여러 번 반복해서 읽는다고 그렇게 익힌 내용이 장기 기억이 되어 오래 남지는 않는다. 셋째, 관성적으로 반복해 읽기만 하다 보면 그 내용에 익숙해져서 자신이 그 내용을 완전히 알고 있다는 착각에 빠지게 된다.

이중 세 번째가 가장 위험하다. 자기가 읽는 방식으로만 읽기 때문에 보던 부분만 반복해서 보고, 이해하는 부분만 반복해서 이해하게 된다. 여러 번 읽지만 전체 내용 중 이미 알고 있는 부분만 확인하고 또 확인할 뿐이다. 그러면서도 다 잘 알고 있다고 여기게 된다. 그럼 여러 번 읽지 말아야 할까?

한 번 보고 나면 그 영역은 잠시 쉬는 것이 좋다. 반복 학습은 간격을 두고 해야 효과적이다. 뇌가 새로 배운 것들을 저장하려면 시간이 필요하다. 김치를 담그고 나면 익는 시간이 필요하듯이 뇌도 새로 들어온 정보를 자신의 것으로 하려면 적당한 태그를 붙이고 과거에 이미 알고 있던 것과 연결할 시간이 필요하다. 그런 시간을 주지 않고 계속 정보를 퍼붓기만 하면 뇌는 저장을 잘하지 못한다. 그러니 공부를 할 때는 한 가지 과목을 하고 나면 잠시 쉬거나 다른 과목을 하는 방식으로, 교차 학습을 하는 것이 훨씬 효과적이다.

"오늘은 수학 끝장의 날이야. 하루 종일 수학만 공부해서 끝을 봐야지."

이런 계획이 비효율적이라는 것은 다양한 실험을 통해서 이미 증명되기도 했다. 1978년 커와 부스라는 학자는 이런 실험을 해 보았다. 체육 시간에 8세 아이들에게 콩 주머니를 바구니에 정확히 던져 넣는 연습을 시켰다. 한 집단은 90cm에서 던지는 것만 연습했고 다른 집단은 60cm와 120cm에서 번갈아 가며 연습했다. 그리고 12주 후에 90cm에서 던지기 시험을 보았다. 누가 더 잘 던졌을까? 교차 연습을 한 집단이 훨씬 시험을 잘 보았다. 심지어 이집단은 90cm에서 던지는 훈련을 하지도 않았는데 말이다.

처음에는 두 가지를 섞어서 연습하는 게 귀찮고 힘들었을 것이다. 그렇지만 시간이 지나면서 교차 학습을 한 쪽의 기억이 훨씬잘 유지되었다. 다양한 상황에 적응하는 연습이 한 가지 상황에 대해서만 한 연습보다 더 효과적이었던 것이다.

공부가 아니라 운동이어서 그런 것 아니냐고 되물을 친구들이있을 것 같다. 그런 친구들을 위해 한 가지 연구를 더 소개하겠다.

2008년에 심리학자 코넬과 비욕은 대학생들에게 화가의 화풍을 학습하게 했다. 처음 보는 화가의 화풍을 익히게 한 것이다. 한집단은 한 화가의 그림을 집중적으로 공부했고, 다른 집단은 다양한 화가의 그림을 교차해서 공부했다. 어느 집단이 더 화풍을 잘익혔을까? 교차 기법으로 공부한 학생들이 화가들을 더 잘 구별했고, 그림을 화가와 연결하는 시험에서 더 좋은 점수를 얻었다. (흥미로운 것은 학생 본인들은 한 화풍이 집중적으로 제시될 때 공부가 더 잘되었다고 느꼈다는 것이다. 이는 '공부가 잘된다'는 느낌과, 실제 학습 효과에는 차이가

있다는 것을 보여 준다.)

왜 교차 학습이 더 효과적일까? 우리 뇌는 공통점보다 차이점을 구별하는 것에 더 민감하기 때문이다. 차이점을 더 오래 기억하기도 한다. 길쭉하고 유연한 생명체를 보고 뱀이라고 파악하는 것은 쉽다. 하지만 더욱 중요한 것은 여러 뱀 중에서 독을 품은 뱀을 가려내는 것이다. 그것이 인간의 생존에 훨씬 더 중요하다. 저 뱀을 피해 도망갈 것인지 아닌지를 판단해야 하기 때문이다.

그래도 여전히 한 과목을 집중적으로 파고드는 게 더 좋다고 생각하는 친구들이 많을 것이다. 선생님 중에도 그런 분이 많다. 단일 과목의 집중 학습은 '무엇인가를 확실히 배운다'는 감정적 포만감을 주기 때문일 것이다. 하지만 당장의 포만감보다 중요한 것은 성적이 오르는 것 아닌가!

머릿속에서
꺼내는 연습

"난 왜 이렇게 빨리 잊어버리지?"

이렇게 '자학'하는 친구들이 많다. 빨리 잊어버리는 것 자체는 잘못이 아니다. 오히려 좋은 일이다. 적당히 잊어버려야 새로운 것을 배우고 익힐 공간이 만들어진다. 한번 자리 잡은 지식이 계속 똬리를 틀고 있으면 새로운 환경에서 새로운 것을 배우는 데 방해가 되기도 한다. 컴퓨터나 휴대폰의 메모리 공간이 다 차면, 필요 없는 동영상이나 사진 파일을 과감히 지워야만 새로운 것을 넣을 수 있듯이, 우리 뇌도 시간이 지나면 기억을 잊어버리도록 세팅되어 있다. 그러니 잘 잊어버리는 자신을 자학하기보다는, 정말 중요한 지식을 오래 기억하는 전략을 터득하는 것이 낫다. 그것을 두고 흔히 공부한 것을 '내 것'으로 만든다고들 한다.

공부한 것이 내 것이 되려면 어떻게 해야 할까? 일단 적당한 어려움이 필요하다. 너무 쉽게 익힌 것은 내 것이 잘되지 않는다. 그럼 공부에 어떻게 '어려움'을 만들까? 머릿속에서 꺼내는 연습, 즉

'인출 연습'을 하면 된다. 내 머릿속 기억 저장고에서 꺼내는 작업을 해 보는 것이다. 사실이나 개념을 적절한 상황에서 꺼내는 것은 지식을 단순히 인식하는 것보다 난도가 훨씬 높다. 더욱 능동적인 작업이기도 하다. 그래서 가장 오랫동안 자기 것으로 남는다. 반복해서 읽기만 하는 복습보다 훨씬 낫다.

여러분은 이미 다양한 인출 연습 방법을 알고 있다. 간단한 쪽지 시험을 보는 것, 혹은 칠판 앞에 서서 혼자 강의를 해 보는 것이 모두 인출 연습이다. 내가 직접 시험 문제를 만든 후에 풀어 보는 것도 좋다. 기왕 문제를 만들었으면 하룻밤 묵혀 두었다가 다음날 풀어 보자. 그러면 기억이 장기적 맥락으로 숙성되어 굳는 데 도움이 된다.

시험 문제 내기는 또 다른 효과도 있다. 문제를 만들려면 이런 고민을 계속해야 한다.

"내가 만일 선생님이라면 이 부분을 어떻게 문제로 만들까?"

그러다 보면 자신도 모르게 출제자의 의도를 자연스럽게 익히게 된다.

문제 만들기가 어렵다고? 간단하게는 '임진왜란은 _____년에 일어났다.'와 같이 빈칸을 만들기만 해도 좋은 문제가 될 수 있다. 교과서의 한 페이지를 복사한 뒤 중요하다고 생각되는 부분을 수정액으로 지우고, 그 부분을 다시 채우는 연습을 하는 것도 좋다. 이를 심리학적으로는 '생성 효과'라고 한다. 빈 부분을 채우느라 뇌가 노력하게 되면서 기억이 강화된다. 물론 이때도 지우자마자 채우지 말고 하루 이틀 지난 후에 채워 보면 더 효과적이다. 마치 근육 운동을 할 때, 하루 운동을 하고 나면 다음날은 쉬어 준 뒤, 그다음 날에 다시 운동을 해야 근육량이 늘어나는 것과 같다. 뇌나 근육이나 생물학적 원리는 비슷하기 마련이다.

그럼 시험 문제를 푼 뒤 틀린 답을 교정하는 것은 당장 하는 것이 좋을까, 아니면 조금 뒤에 하는 것이 좋을까? 연구 결과에 따르면 시험이 끝나자마자 답을 보는 것보다는 혼자서 궁리할 시간을 가진 다음, 나중에 답을 보면서 차근차근 피드백을 받는 것이 더 효과적이다. 곧바로 선생님이 풀어 주면 그 가르침에 의존하게 된다.

공부는 쉬운 것을 여러 번 반복하기보다는 적당히 어려운 것에 도전해 성취하는 방향으로 하는 것이 좋다. 이를 심리학자 엘리자베스 비욕과 로버트 비욕은 "바람직한 어려움"이라고 표현하기도 했다. 공부는 약간 어렵게, 꾸준하게 해야 한다.

3
공부 스트레스, 어떻게 줄일까?

자는 동안
뇌는 열심히 일한다

우리나라 중고등학생들의 수면 시간은 세계에서 꼴찌에 가깝다. 대부분의 학생들은 늦게까지 공부하느라 늘 잠이 부족하다고 여기면서 지낸다. 미국 국립수면재단은 청소년의 수면 시간으로 8.5~9.25시간을 권하지만, 이 정도를 맘 편하게 자는 우리나라 학생이 몇 명이나 될까?

여러분 중에도 잠을 많이 자고 나면 죄책감을 느끼는 사람이 있을 것이다. 자는 시간은 인생을 낭비하는 시간일까? 결코 그렇지 않다. 휴대폰처럼 우리 뇌와 몸도 잘 자야 충전이 된다. 꼭 8시간 이상 자야 하는 것은 아니다. 5시간으로 충분한 사람도 있다. 적절한 수면 시간은 개인차가 크다. 그럼 내 적절한 수면 시간은 어느 만큼일까? 자고 일어났을 때 피로가 풀린 것처럼 상쾌하고 평온한 기분이 들고, 자는 동안 있었던 일이 전혀 기억나지 않으면 충분히 잔 것이다.

잠을 자는 동안 우리 뇌는 기억을 정돈하는 작업을 한다. 은행에 비유해 보면 쉽게 이해할 수 있다. 은행은 보통 4시에 문을 닫는데, 직원들이 일찍 퇴근하려고 그러는 걸까? 아니다. 그날 있었던 금전 거래를 맞춰 보고 정리할 시간이 필요하기 때문에 4시에 문을 닫는 것이다. 잠을 자는 동안 뇌가 하는 일도 그렇다. 잠을 자면 외부 정보는 더 이상 들어오지 않는다. 이제 뇌는 깨어 있을 때 들어온 정보 중 쓸 만한 것들을 모아서 폴더별로 색인을 만들어 저장하고, 필요 없는 것은 과감히 지워 버리고, 서로 관계있는 것들은 잘 연결해 나중에 함께 꺼낼 수 있게 정리하는 작업을 한다. 그러니 잠을 잘 자야 장기 기억을 많이 만들 수 있다. 조금 더 전문적으로 설명하면 이렇다.

밤새 자는 동안 대뇌 피질에서는 초기 기억이 강화되어 저장된다. 또 수면 방추라는, 아주 짧은 순간에 방출되는 뇌파가 활동하면서 정보들이 서로 연결되고 강화되어 장기 기억이 되도록 한다.

한편 기억 중추인 해마에서는 전날 들어온 것들을 잘 정리하고 분류해서 대뇌 피질로 전달하고 난 다음, 남아 있는 것들을 비운다. 그래야 다음 날 새로운 정보를 습득할 수 있는 여유가 생긴다.

이 역시 과학적인 실험으로 증명된 것이다. 2001년에 루이와 윌슨이라는 두 학자가 쥐에게 낮에 미로 찾기 훈련을 시키면서 뇌파를 찍어 보았다. 그런 뒤 쥐가 자는 동안에도 뇌파를 찍어 보았다. 그랬더니 자는 동안에도 미로를 찾을 때처럼 뇌파 패턴이 활성화되는 것이 발견되었다. 쥐는 자면서도 학습을 했던 것이다.

비슷한 연구는 또 있다. 2000년에 데이브와 마골리아시라는 학자는 금화조라는 새를 연구해 보았다. 어린 수컷 금화조는 낮에 어른 금화조에게서 구애의 노래를 배웠다. 어른 금화조의 노래를 따라 부르며 연습을 했다. 그런데 어린 금화조가 밤에 잠을 잘 때 뇌파를 관찰해 보니 낮에 노래를 따라 부를 때와 똑같은 뇌파가 관찰되었다. 이 결과에 대해 학자들은 낮에 기본 패턴을 배워 두면, 자는 동안에는 뇌가 잡다한 곳에 에너지를 쓰지 않아도 되니 낮에 배운 것을 복습하면서 자기 것으로 만들어 내는 것이라고 해석했다.

이런 중요한 일을 자는 동안 우리 뇌가 한다. 한마디로 '열일'(열심히 일하다라는 뜻의 속어.)하는 뇌다. 그러므로 잠자는 시간은 절대 낭비가 아니다. 성적을 올리려면 잠자는 시간을 꼭 확보해야 한다. 생리적으로는 밤 12시부터 7시 사이가 가장 좋은 수면 시간으로 권장된다.

그럼 깨어 있는 동안, 뇌는 언제 가장 활발히 움직일까? 연구에 따르면 뇌는 깨어난 후 4시간이 지나면 최고의 집중력을 발휘한다고 한다. 그러니 시험을 앞둔 날이라면 이 시간을 감안하는 것이 좋다. 예를 들어 다음날 시험이 9시에 있는데 공부할 것이 남았다면, 늦게까지 공부하고 9시 직전에 일어나는 것보다 차라리 일찍 자고 일찍 일어나 새벽에 조금 공부를 하는 것이 좋다.

무작정 수면 시간을 줄이려고 하기보다는 내 리듬에 맞는 최적의 수면 시간을 찾아내서 일정하게 잠을 자고, 제시간에 깨는 버릇을 들이는 편이 훨씬 낫다.

주말이라고 늦잠을 너무 많이 자는 것도 좋지 않다. 많은 사람이 평일에 못 잔 잠을 주말에 몰아서 벌충하려고 한다. '수면 빚'을 갚는 것이다. 월요일부터 금요일까지 닷새 동안 시험 기간이라 하루 2시간씩 덜 잤다고 치자. 그러면 우리는 꼭 10시간만큼 잠이 모자란다고 여긴다. 10시간만큼 수면 빚이 쌓였다고 생각하는 것이다. 주말 이틀 동안 매일 5시간씩 더 자야만 그 빚을 갚고 다음 주에 건강을 회복할 수 있을 것 같다.

그러나 그건 오해다. 주중에 잠을 못 자면 피로가 쌓이긴 하지만 그렇다고 정확히 10시간을 더 자야 하는 것은 아니다. 2시간 정도만 더 자도 충분하다. 우리 뇌와 몸은 잠에 매우 관대하다. 물론 가장 좋은 것은 평일에 잠을 충분히 자서 애초에 수면 빚을 쌓지 않는 것이다.

알던 문제가
갑자기 헷갈릴 때

잘 공부해 놓고도, 시험만 보면 실수를 하거나 답을 밀려 쓰는 친구들이 꼭 있다. 열심히 공부하고 기출 문제도 여러 번 풀어 보았다. 그런데 막상 시험장에 들어가면 긴장해서 뻔한 문제를 틀리고 만다. 시간 배분을 잘못해서 5분 남았는데 아직 펼쳐 보지도 못한 시험지가 두 장이나 있을 때도 있다.

한 번 그런 경험을 하고 나면, 시험 전날마다 또 그런 일이 벌어질까 봐 노심초사하느라 잠을 이루지 못한다. 시험 당일엔 선생님이 시험지를 들고 교실로 들어오시면 갑자기 배가 살살 아파 오거나 화장실에 빨리 가고 싶어지기도 한다. 이런 일이 몇 번 반복되면 시험에 대한 공포가 자동 반사같이 만들어진다.

시험을 앞두고 적당한 긴장을 하는 것은 필요하다. 적당한 긴장은 기억력을 향상시키고, 집중을 하도록 돕는다. 하지만 지나치면 교감 신경계가 필요 이상으로 긴장한다. 심장이 두근거리고, 머리가 터질 것같이 멍해지고, 집중은 도리어 안 되고, 심하면 손이 떨린다. 최상의 컨디션을 유지하지 못하면 원하던 성과가 나오지 않는데, 그러면서 내가 시험을 두려워한다는 의심은 확신이 된다.

시험 공포가 생기면 판단하는 능력이 위축되고 시야가 좁아지는 것도 문제다. 평소에 쉽게 해 나가던 것들이 갑자기 의식되면서 초보적인 실수를 한다. 예를 들어 자전거를 탈 때 평소에는 별 생각 없이 핸들과 페달을 내 몸의 일부인 양 움직이지만 누가 쫓아오거나, 처음 가는 길을 가거나, 위험한 내리막길을 갈 때는 달라진다. 두려움이 생기니 갑자기 핸들이 낯설어지고 내가 어떻게 자전거를 탔었는지 까마득해진다. 이 순간 사고 위험은 최고조가 된다. 시험공부로 치면 아주 당연하게 여기던 공식이 의식되기 시작하거나, 잘 알던 역사 지식이나 영문법에 대해 '이게 맞나?' 하는 의심이 생기는 것이다. 그러면 쉬운 문제도 어이없이 틀린다.

프로 운동선수나 피아니스트들에게도 그런 순간이 있다. 긴장한 나머지 갑자기 내 스윙이 맞는지 의식하기 시작하면 잘 맞던 공이 배트에 맞지 않고, 눈앞에 있는 악보의 음표를 의식하면 알아서 잘 움직이던 손가락이 굳어진다. 자연스러운 흐름에 나 자신이 장벽을 세운 셈이다. 왜 그럴까?

일반적으로 정신 활동의 대부분은 현재가 아니라 미래를 지향한다. 캐나다 토론토대학의 조던 피터슨이라는 학자는 우리의 의식 세계를 설명하면서 사실 우리 의식은 곧 다가올 가까운 미래를 지향하고 미리 준비하면서 현재에 집중한다고 했다. 익숙한 행동을 할 때 근육은 그 일을 하지만, 두뇌는 다음 행동에 신경을 쓴다. 피아니스트가 피아노를 칠 때 그의 손가락은 지금 소리가 나야 할 건반을 누르고 있지만 그의 두뇌는 다음에 칠 악보의 내용과 전체 곡의 흐름에 집중하고 있다. 숙련된 피아니스트일수록 더욱 그렇다.

우리가 문제를 풀 때도 비슷하다. 가끔 손에 쥔 연필이 내 생각보다 더 빨리 '샥샥샥' 나가면서 문제를 풀어 낼 때가 있지 않나? 연산 문제를 풀거나 논술 과제를 써 내려갈 때 다들 경험해 봤을 것이다. 그런 리듬이 깨지면 일이 꼬이기 시작한다.

시험을 볼 때 너무 긴장한 나머지 당연하던 것들을 하나하나 검토하게 되면 이런 작업이 내 생각의 폭을 잡아먹어 버린다. 정작 검토해야 할 문제나 과제들을 제대로 생각할 여력은 줄어든다. 그러면 이런 악순환의 고리에 들고 만다.

실수를 한다. → 당황한다. → 그러지 않아도 되는데 근본적인 질문을 던지며 점검한다. → 생각이 많아진다. → 판단이 늦어지고 생각의 폭이 좁아진다. → 더 긴장되고 위축되고 반응이 느려진다. → 다른 실수를 또 한다. → 시험 공포가 더욱 확실해진다.

이 악순환을 벗어나려면 당연하지만 연습을 충분히 해 보아야 한다. 가능하면 진짜 시험같이 치러 보는 연습을 반복해 보면 좋다. 리허설만큼 좋은 치료는 없다.

시험에 임해서는 생각을 줄이고 지금 하는 일에 집중해야 한다. 시험을 망쳤을 때의 비극적 상황, 혼이 날지도 모른다는 걱정, 또 실수를 하고 말 것이라는 비현실적 믿음은 모두 버린다. 그 대신 지금 내 눈앞에 있는 문제 하나하나에만 집중한다.

그럼에도 불구하고 위축되는 마음이 나를 삼킬 듯 엄습해 온다면? 그때에는 아무것도 하지 말고 잠시 시간을 갖는 게 좋다. 펜을 놓고, 눈을 감고, 숨을 천천히 쉬어 보자. 들이마시는 데 3, 내쉬는 데 7을 세면서 숨을 쉬는 내 배에 집중하자. 그러고 나면 공포감은 '리셋'되고, 몸과 마음이 정상으로 돌아올 것이다.

공포가 생길 때는 "나는 충분히 준비되어 있다."라고 작게 되뇌어 보자. 당황스럽고 소심해진다고 해서 나라는 존재가 결함이 있거나 열등한 것은 아니다. 그저 아직 준비가 덜 되었을 뿐이다. 잠시 숨을 고르는 것만으로도 준비는 끝난다. 시험 공포에서 벗어나 온전한 실력을 발휘할 준비가 된 나를 만날 것이다.

공부가 내 체질이 아니라면?

이러니저러니 해도 "공부는 나와 100만 광년이나 떨어져 있어!" 하고 울부짖는 친구들이 있다.

공부를 해야 하는 이유를 모두가 정확히 아는 것은 아니다. 다만 학교라는 곳은 공부를 위해 모인 곳이니 일단 열심히 할 뿐이다.

하지만 열심히 하기가 어려운 친구들도 있다. 예컨대 수학은 포기한 지 오래라서 기초가 무너진 학생이라면 더욱더 '왜 내가 이걸 해야 하지?'라는 생각이 들 것이다. 학교에서 보내는 시간뿐 아니라 방과 후에 학원에서 보내는 시간이 갈수록 무의미하게 느껴질 것이 분명하다. 이럴 때에는 어떻게 해야 할까?

답은 없다. 갑자기 어느 날부터 "공부가 너무 좋아졌어요!"라고 느끼게 해 주는 약은 세상에 없다. 그래서 이런 고민을 안고 나를 찾아오는 십 대들에게 이렇게 조언하곤 한다.

첫 번째, 학교를 가는 이유를 수정해 보자. 학교는 공부를 하러 가는 곳이 아닌 친구를 만나고, 따뜻한 한 끼 밥을 먹으러 가는 곳이라고 생각을 바꾼다. 친구를 만나서 놀고, 가끔은 다투기도 하며 서로 관심과 애정을 주고받는 경험은 사회성을 기르는 데 무엇보다 중요하다. 오직 공부만 하느라 이런 경험을 제대로 하지 못해서 어른이 되어서도 아이 같은 사람들이 요즘 참 많다. 머리는 좋지만 공감 능력이 제로인 어른보다, 자신의 완전하지 않음을 인정하고 결핍을 이해하고, 상대의 결핍도 함께 아파하며 타인과 연대하는 어른이 우리 사회에는 훨씬 더 많이 필요하다.

꼭 공부를 잘해야 한다고 생각하지 말자. 그것 말고도 학교에서 재미있게 지낼 수 있는 방법은 많다. 성적은 좀 별로라도 졸업 후에 돌이켜 보니 "와! 내 학교생활은 참 재미있었어."라는 마음이 남는다면 그것만으로도 충분히 좋은 학교생활이다. 인생은 다양한 종목을 겨루는 10종 경기 비슷한 게임이다. 공부와 입시는 그중 첫 번째 경기일 뿐, 그것만으로 최종 우승자가 결정되는 것이 아니다.

두 번째, 그럼에도 불구하고 공부하려는 노력을 조금은 해 보자. 수업 시간 내내 잠만 자는 것도 힘드니 그 시간만이라도 최선의 노력을 해 보고, 성취감을 느껴 보자. 학교는 일종의 연습장이다. 학교 안에서 성실하게 움직여 보고, 성취감을 느껴 보는 것은, 괜찮은 어른의 삶을 미리 연습해 보는 것이기도 하다. 학교 다닐 때 모범생이었던 사람들이 직장 생활을 할 때에도 일정 강도 이상의 스트레스를 잘 견뎌 내고, 적응을 곧잘 하는 경향이 있다. 꼭 공부를 잘해서가 아니다. 학교에서 미리 성실과 성취를 연습해 보았기 때문이다.

미친 듯이 공부만 해서 단번에 1등급이 되는 환상적 결과를 낼 필요는 없다. 다만 수업 시간에 조금만 집중을 해 보자. 공부는 '하는 애들'이나 하는 거라고 여겨 버릴 때보다 훨씬 나은 결과를 얻을 수 있다. 생각보다 쉽게 성적이 오르면 "이렇게 하면 되는 거네?"라는 자신감도 조금씩 생긴다. 그냥 해 보는 것이다. 또 모르는 일이다. 해 보면 의외로 재미있을지도?

세 번째, 호기심을 만들어 보자. 공부는 원래 그렇게 괴로운 것이 아니다. 학교에서는 내가 별로 궁금하지도 않은데 일단 머릿속에 욱여넣으려고 하니 괴로운 것이다. 배가 고파야 먹고 싶은 음식이 생기는 것이 이치인데, 먹고 싶은 것도 없고, 배도 안 고픈 사람에게 이게 필요할 것이라며 한 상 차려서 한 톨도 남김없이 다 먹고 소화시키라고 하니, 괴로운 게 당연하다.

공부가 영 재미없다는 것은 아직 궁금한 것이 없다는 것과 같다. 궁금한 게 생기려면 호기심이 필요하고, 호기심이 생기려면 시간이 필요하다. 빈둥대는 시간이 있어야 호기심이 생긴다. 그런 시간을 한번 가져 보자. 그리고 세상을 다른 각도에서 바라보면서 호기심과 흥미를 가지려고 해 보자. 꼭 교과서에 나오는 지식이 아니라도 좋다. "이런 건 알아서 뭐해?" 하는 마음은 주머니 속에 깊이 넣고, 궁금한 것이 있으면 찾아보자.

그 과정에서 '내 손으로 사냥을 하는 방법'을 배울 수 있다. 그게 진정한 공부다. 일단 한 가지 사냥법을 배우면, 예컨대 새를 잡는 법을 배우면 물고기나 돼지를 잡는 법도 금세 터득할 수 있다.

'재수 없다'는 비난을 감수하고 고백하자면, 나는 솔직히 공부하는 게 참 재미있다. 누가 가르쳐 주는 공부도 좋아하지만, 그보다는 내가 직접 찾아보고 알아내는 것을 더 좋아한다. 여러분도 한번쯤 자기 힘으로 궁금증을 채워 보면, 공부의 재미를 맛볼 수 있을 것이다.

4부

친구, 평등해서 좋고
평등해서 어려워

독립에는 동지가 필요해

친구가
자꾸만 소중해진다

"정원아, 준형이랑 놀지 마."

"왜요?"

"걘 너보다 공부를 못하잖아."

"그게 무슨 이유가 돼요? 준형이가 얼마나 재미있는데."

"너보다 나은 친구랑 놀아야 너도 발전하는 거야. 지금은 모르겠지만 나중에 크면 이해할 거야."

이런 부모님의 잔소리를 다들 한번쯤 들어 보았을 것이다. 나는 좋은 친구라고 생각하는데, 부모님 마음에는 안 드는 친구가 있다. 이유는 다양하다. 성적이나 사는 곳부터 머리 모양, 말투까지. 어떤 때는 괜히 꼬투리를 잡는 것처럼 느껴진다. 때로는 부모님도 그 이유를 명확히 설명하지 못하고, 나중에 이해할 거라는 말로 얼버무린다. 성적이 좀 나쁘고, 머리를 염색하면 다 나쁜 친구일까? 친구는 많을수록 좋다고 할 때는 언제고? 지금 이해가 안 가는 것이 나중이라고 이해가 갈 것 같지 않다. 친구는 그냥 지금 재미있고, 서로 마음이 맞으면 되는 것 아닐까?

어릴 때에는 부모님 말이 다 맞는 것 같았지만, 십 대가 되면서 조금씩 나만의 판단을 하게 된다. 특히 친구만큼은 나만의 기준이 더 강해진다. 부모님보다 친구가 더 가깝게 느껴지고, 부모님이 하는 말보다 친구들의 말에 더 믿음이 간다. 친구란 존재가 갈수록 의미심장해지는 것이다.

친구란 무엇일까? 조금 고리타분하지만, 말뜻에 그 힌트가 있으니 말뜻을 한번 풀어 보자. 친할 친親 자에 옛 구舊 자를 쓰고 있으니, 오래된 가까이 있는 사람, '오래 두고 가깝게 사귄 벗'이 바로 친구다. 오래되었다는 시간, 가까이 있다는 거리. 친구란 이 두 가지 조건을 모두 채웠을 때 성립하는 관계이다.

내친김에 영어의 말뜻도 풀어 보자. 영어로 친구는 friend 혹은 companion이라고 한다. 이중 companion이 재미있다. 빵pan을 함께com 먹는 사이라는 뜻이 담겨 있다. "친구와는 콩 한 쪽도 나누어 먹는다."라는 우리 속담과 통하는 면이 있어서 재미있다. 친구는 이렇게 작은 것도 나눠 먹을 정도로 친하고 서로에게 의지가 되는 사이이다.

말뜻대로라면 친구는 아이든 어른이든 누구에게나 인생에서 없어서는 안 될 중요한 존재이다. 그런데 정신과 의사로서 말하자면 청소년기에는 특히 더욱 중요하다. 여기에는 인간 정신 발달의 비밀이 숨어 있다.

몸도 독립, 마음도 독립

페터 블로스Peter Blos 라는 학자는 1962년에 『청소년기에 대하여』 On Adolescence 라는 책을 내면서 청소년기의 발달 과정에 대해 정신분석적으로 설명한 적이 있다. 블로스는 마거릿 말러Magaret Mahler 라는 의사의 발달 이론을 빌려서 설명하고 있으니 우선 말러의 이론을 먼저 살펴보자.

말러는 어릴 때 아기가 어머니 품에서 벗어나면서 '분리 개별화 과정'을 거친다고 설명했다. 용어는 무척 어려워 보이지만 아기들을 떠올려 보면 쉽게 이해할 수 있다. 아기들은 엄마 곁을 잠시도 떠나지 못한다. 엄마가 잠깐 시야에서 없어지기만 해도 겁이 나서 두리번거린다. 낮잠을 자다가 깨어나서 엄마가 없으면 두려움에 울음을 터트린다.

그러다 두세 살이 되면 엄마가 당장 눈앞에 없어도, 시장에 갔거나 일을 하러 나갔을 뿐 영원히 사라진 게 아님을 안다. 말러는 이를 두고 '대상 항상성'이 생겼다고 표현했다. 마음 안에 엄마 이미지를 간직하게 되었다는 것이다. 이렇게 대상 항상성이 생기는 과정이 바로 분리 개별화 과정이다. 이 과정을 잘 거치면 아이는 엄마가 눈에 보이지 않아도 안심하고 독립적으로 잘 지낼 수 있다.

그렇게 일단 자신을 독립체로 인식하게 된 다음, 이후 10여 년간 아이는 부모의 칭찬과 인정을 받기 위해서 열심히 살아간다. 때로는 부모님을 이상화하고, 때로는 부모님과 자신을 동일시하기도 하면서 커 나간다. 하지만 십 대로 접어들며 새로운 문제가 나타난다. 그동안 살아온 것이 갑자기 허상같이 느껴지는 순간이 온다.

'그동안의 삶은 부모님이 시키는 대로 살아온 삶이었어. 내 것은 어디에 있지?'

이런 생각이 들이닥치면 어른들이 흔히 말하는 사춘기의 질풍노도가 시작된 것이다.

'다 부질없어.'

이렇게 모든 것을 부정하고 싶은 마음이 앞서기도 한다.

이를 블로스는 '2차 분리 개별화 과정'이라고 이름 붙였다. 말러가 말한 첫 번째 분리 개별화 때에는 마음 안에 부모의 이미지를 간직해 혼자 있어도 무섭지 않은 것이 목표였다. 그런데 두 번째 개별화 때에는 부모에게서 떨어져 나와서, 궁극적으로는 가족으로부터 벗어나 사회에 더 많은 비중을 두는 삶을 살아갈 준비를 한다. 그러려면 먼저 부모와의 관계를 재설정할 필요가 있다. 사춘기의 아이는 가족 바깥의 친구, 스승, 스타 등 대체할 만한 대상을 찾아내 더 넓은 세상으로 나가려고 한다.

혹시 요즘 이런 말을 자주 하고 있다면 여러분도 지금 부모님으로부터 독립하려고 애쓰는 중일 것이다.

"나 좀 가만히 내버려 두세요."

"내가 알아서 할게요."

"간섭 좀 그만해요, 제발!"

1차 분리 개별화가 엄마의 품에서 벗어나는 육체의 독립이라면, 2차는 보이지 않는 심리적 독립이 목적이다. 부모가 만들어 놓은 무형의 규칙과 가치관에서 벗어나는 것 말이다.

우리는 미처 의식하지 못하는 사이에 의외로 많은 가치를 부모님에게 배운다. "착한 사람이 되어라." "너무 욕심부리지 마라." "열심히 공부해라." "학교에 지각하지 마라." "부모에게 효도해라."와 같은 기본 덕목들이 그것이다. 대체로 틀린 말은 없다. 그런데 이것이 오롯한 내 것일까? 나만의 정체성을 만들어 가는 과정에 있는 사람들은 조금씩 이런 의문을 품기 시작한다.

이때 가장 먼저 하는 일은 과거와의 결별이다. 부모가 심어 준 가치관이나 규칙을 거부하기 시작한다. 물론 어른들이 보기엔 그것이 곧 사춘기 반항의 표식이다.

"착한 사람이 되어서 뭐하게요?"

"욕심내지 않고 바보같이 있다가 나만 손해 보면 누가 책임져요?"

"열심히 해도 소용없던데요."

이런 부정문을 만들어 어른들에게 배운 가치관을 내 마음 밖으로 내몬다. 그래야 내 것을 채울 빈 공간을 확보할 수 있다.

그런데 사실 몰아내는 것은 쉽다. 문제는 그다음이다. 제아무리 천재라고 해도 그 빈 공간을 내 것으로만 채우는 것은 쉽지 않다.

"대안을 얘기해 봐. 무조건 반대만 하지 말고."

엄마, 아빠, 선생님이 이렇게 '반격'한다면? 대처할 방안이 마땅치 않다. 무턱대고 반항부터 하기보다 치밀하게 대안을 구상해야

2차 오이디푸스 콤플렉스?

20세기 정신 분석학의 가장 대표적인 학자로 오스트리아의 지그문트 프로이트가 꼽힌다. 그런데 프로이트는 청소년에게 큰 관심이 없었다. 그래도 한 가지 재미있는 이론을 제안했는데, 바로 오이디푸스 콤플렉스이다. 프로이트에 따르면 이 콤플렉스는 3세를 전후해서 처음 경험한다. 아들은 엄마의 사랑을 얻고자 하고, 아버지를 질투해서 이기려는 마음을 갖는다. 그러나 아버지가 워낙 강하다 보니 거세 공포를 경험하면서 오이디푸스 콤플렉스가 생긴다. 프로이트는 질투와 경쟁의식을 포기하고 반대로 아버지와 같은 사람이 되고 싶다고 동일시하게 되면서 이 콤플렉스가 잠복기로 들어간다고 말한다. 그런데 청소년기가 되면 물밑에 들어갔던 아버지에 대한 승부욕이 정체성 형성이라는 과제와 맞물리면서 수면 위로 다시 올라온다. 2차 오이디푸스 콤플렉스를 만나게 되는 것이다. 그러면 어떻게 될까? "아빠가 내게 해 준 게 뭐예요?" "아빠 같은 사람이 되지 않을 거예요!"와 같은 감정이 생긴다는 것이 프로이트의 설명이다.

한다. 그러자니 '연대와 협력의 정신'이 필요해진다. 고민을 터놓고 나눌 수 있는 친구들과 함께하는 것이다. 동병상련을 앓고 있는 '동지들'의 가치관과 생각을 조각조각 모으면 훌륭한 한 덩어리가 될 수 있다.

십 대에게 친구란 심리적 독립과 정체성 확립이라는 중차대한 모험을 똘똘 뭉쳐 함께하는 동지들이다. 그 과정에서 생각과 감정, 판단을 공유하니 이보다 소중한 존재가 또 없다.

해리 포터는
왜 친구들과 함께 다닐까?

친구들은 그 모험을 할 때 느껴지는 불안과 걱정을 덜어 주는 존재이기도 하다.

'세상은 아직 내게 너무 크고 위험한 것 같아.'

부모님에게서 독립해 제 발로 서려고 애쓰면서도, 여러분 모두 마음 한편에는 이런 두려움이 있을 것이다. 더 어릴 때는 천둥벌거숭이처럼 세상을 뛰어다닌 것 같은데, 조금 커서 세상을 살짝 엿보고 나니 오히려 세상이 얼마나 무서운 곳인지 어렴풋이 알 것 같다. 부모님에게는 그런 마음을 꼭꼭 숨기지만, 부모님이 왜 나에게 늘 조심하라고 당부하는지 조금씩 알아 간다.

반대로 생각하면 그런 마음 또한 여러분이 더 이상 아이가 아니라는 증거이기도 하다. 십 대가 되면 혼자 살기에는 아직 세상이 너무 크고 위험하다는 것을 깨닫는다. 그것은 친구가 소중한 또 하나의 이유가 된다. 나는 영화 '해리 포터' 시리즈를 보면서 친구의 의미를 생각해 본 적이 있다.

'해리 포터'는 강력한 마법의 재능을 타고난 소년이다. 내가 보기엔 혼자서도 충분히 볼드모트에 대응할 수 있을 것 같다. 여러분도 그렇게 생각할 것이다. 오직 해리 포터만 그렇게 생각하지 않는 것 같다. 해리는 언제나 헤르미온느와 론까지 셋이 함께 다니며 위기를 헤쳐 나간다. 왜 늘 붙어 다닐까?

비슷한 의문을 다른 작품에서도 품은 적이 있다. '파워레인저' 시리즈에서는 매회 괴물이 나타나 사람들을 괴롭히고 도시를 위험에 빠트리는데, 그러면 파워레인저 다섯 명이 출동한다. 처음에는 한 명씩 괴물과 싸우다가 결국엔 모두 지고, 더욱 위험한 상황에 놓인다. 그러면 마지막에야 다섯 명이 모두 모여서 '파워레인저' 구호를 외치고 변신해서는 마침내 괴물을 물리친다. 처음부터 변신해서 출동했으면 괜히 힘을 낭비하지 않았을 텐데, 왜 저렇게 비효율적으로 움직일까?

나는 이렇게 이해해 보았다. 이 작품들은 어린이와 청소년 들에게 '혼자는 약하지만 친구와 함께하면 강하다'는 것을 반복해서 알려 주는 것 아닐까? 이 작품들을 통해 아이들은 다가올 십 대 시절에 경험할 좌절과 곤란을 견뎌 내고 극복하는 요령을 배울 수

있다. 바로 고난을 함께할 친구를 사귀는 것이다!

한 명 한 명 따로 떨어져 있을 때에는 미약한 존재지만, 함께할 때에는 훨씬 강한 존재가 될 수 있다. '나'가 아니라 '우리'가 되는 감정적 경험은 친구 사이를 단단하게 만들어 준다. '우리'를 느끼면서 '나' 또한 그만큼 강하고 단단한 존재가 되는 느낌을 받을 수 있다.

세상에 대해 아무것도 모를 때는 내가 제일 잘난 줄 알았는데, 지금 여러분에게는 그런 마음이 어디론가 사라지고 없을 것이다. 그럴수록 내가 깨지기 쉽고, 미미한 존재 같다. 이럴 때 친구와 함께 뭉치면 세상으로 다시 나갈 힘을 얻게 된다. 친구 한 명보다는 두 명이, 두 명보다는 더 많은 친구가 함께할 때 그 힘은 커진다.

대체로 중학생 때는 학생들이 적게는 대여섯 명, 많게는 열 명씩 무리를 지어서 친하게 지내는 것이 일상적인 모습이다. 그러다가 고등학교에 진학하면 이런 대집단 모임은 자연스럽게 해체되고 친한 친구 서너 명이 더 깊은 관계를 맺는 쪽으로 발전한다.

처음에는 최대한 많은 수가 뭉쳐 있을수록 안심이 되지만, 서서히 자기 마음의 힘이 강해지는 것에 비례해서 필요한 집단의 크기도 작아지는 것 아닐까?

2
우리만의 말, 우리만의 취향

은어로 만드는
아늑한 공간

친구가 소중해지면서 친구들끼리만 공유하는 것, 친구들끼리 모여서 만드는 마음의 공간도 늘어난다. 그중 대표적인 것이 은어다.

'담탱이, 갑툭튀, 레알, 듣보잡, 버카충, 센캐.'

2011년 모 신문에서 수집한 '요즘' 십 대들의 은어 모음이다. 어떤 사람에게는 처음 보는 단어, 어떤 사람에게는 한물간 단어, 어떤 사람에게는 다른 동네 아이들이 쓰는 단어일 것이다. 수집했을 때로부터 몇 년이 지났으니, 이 단어를 쓰던 십 대는 상당수가 이십 대가 되었다. 어떤 단어는 계속 살아남아 지금 여러분에게도 쓰이고 있겠지만 아마 여러분은 그사이 또 새로운 단어들을 많이 창

조해 냈을 것이다.

내가 십 대일 때도 은어가 있었다. 옥떨메(옥상에서 떨어진 메주. 그만큼 못생긴 친구를 가리키는 말.), 칠공주(싸움을 잘하는 여학생들의 집단.) 같은 은어가 생각난다. 지금 은어와 비교하니 무척 소박해 보인다.

어른들은 청소년들이 왜 이렇게 열심히 은어를 만들고 쓰는지 잘 이해하지 못한다. 아마 여러분도 평소에 무심코 은어를 많이 쓰면서도 내가 왜 그러는지 깊이 생각해 보지는 않았을 것이다.

은어는 여러분만 쓰는 것은 아니다. '숨긴 말'이라는 은어隱語의 말뜻처럼, 특정 집단의 사람들이 자기들끼리만 알아듣기 위해 쓰는 언어는 다 은어라고 할 수 있다. 남들에게는 숨기고, 우리끼리만 은밀하게 소통하고 싶을 때 은어를 쓴다. 자기들에게는 꼭 필요한 개념이지만 그것을 표현할 적절한 말이 없을 때도 은어를 만든다.

어른들도 은어를 흔히 쓴다. 직장인들이 주로 쓰는 은어로는 이런 것이 있다.

이 은어들의 뜻은?
담탱이: 담임 선생님
갑툭튀: 갑자기 툭 튀어나온
레알: 정말. 영어 리얼(real)의 변형
듣보잡: 듣도 보도 못한 잡것
버카충: 버스 카드 충전
센캐: 센 척하는 캐릭터

"이건 에프엠FM 대로 한 거야."

에프엠은 군대에서 지급되는 필드 매뉴얼을 가리키는 말이다. 군대에서는 반드시 그 매뉴얼대로 작전을 수행해야 한다. 군대에 다녀온 사람들이 이 말을 사회에서도 쓰면서 널리 자리 잡았다.

특정 직업군에서만 쓰이는 은어도 있다. 사실 거의 모든 직업에 은어가 있는데, 그런 은어를 익혀 쓰면서 그 직업에 대한 소속감을 느끼곤 한다.

병원에도 의사들끼리 쓰는 은어가 있다. 이건 비밀이지만, 두 가지만 소개해 보겠다. 의사들의 대표적인 은어로 '환타'와 '유비무환'이 있다. 의사들 중에는 유난히 환자가 많이 몰리는 의사가 있다. 그런 의사를 '환자를 타는 의사'라는 뜻으로 '환타'라고 부른다. 유비무환은 '비가 오면 환자가 없다.'라는 의미로, 원래 있는 사자성어를 다른 의미로 비틀어 사용하는 것이다. 비가 오면 사람들은 몸이 아파도 병원을 잘 찾지 않는다. 병원을 가기로 예약해 두었던 것을 다음 날로 미루기도 한다. 그 덕분에 병원이 한가한 것을 '기뻐하며' 의사들끼리 이런 말을 주고받는다.

은어는 누가 많이 쓸까? 통계가 있는 것은 아니지만, 은어가 유독 많은 집단을 꼽자면 도둑이 빠지지 않을 것이다. 자신들이 하는 일을 숨겨야 하니, 이들 사이에서 은어는 필수 요소이다.

물론 우리 의사들은 하는 일을 숨기려고 은어를 쓰는 것은 아니다. 이 경우는 같은 직업을 가진 사람들끼리 직업의 특징을 표현하고 공유하기 위해 유머를 담아 새로운 표현을 만들어 내는 것에 가깝다.

그런데 청소년은 딱히 직업도 아니고, 그렇다고 범법자도 아닌데 왜 은어를 많이 쓸까? 함께 뭉쳐 있고 싶은 욕구, 어른들에게 자기들만의 생각을 숨기고 싶은 욕구가 강하기 때문이 아닐까? 아마 여러분이 어른들에게 제일 듣기 싫은 말은 이것일 것이다.

"너 요새 무슨 고민 있니?"

어른들은 자기 나름대로 관심을 보이고 다가가려고 묻는 것이겠지만, 듣는 입장에서는 그런 관심이 부담스럽다. 우리끼리 만든 세계에 어른이 끼어드는 것 같다. 친구들끼리 오간 말이 새 나가서 어른들이 알게 되는 것도 싫다. 그러자니 은밀하게 주고받는 단어, 은어가 필요하다. 남들이 안 쓰는 단어를 써서 우리만의 공간을 만들고 싶다. 지금 하는 말과 생각이, 다른 곳에서는 통용이 안 되는 새롭고 독특한 것들이라 여기고 싶다. 그런 마음에서 세대와 지역을 불문하고 청소년들 사이에 은어가 생겨난다. 은어가 통할 때 느끼는 그 짜릿함이란! 마치 외국을 여행하면서 말이 안 통해 고생하다가 식당 맞은편에서 한국어를 쓰는 사람을 보면 "한국 사람이세요?"라고 말을 걸며 반가워하게 되는 마음과 같다.

이 단어를 적절히 쓰는 사람이라면 믿을 수 있고, 비밀이 샐까 봐 경계하지 않아도 되는 '한편'이다. 그러니 안심할 수 있다. 은어로 자기들 집단과 다른 세대 집단 사이에 보이지 않는 언어의 벽을 쌓으면 안정감과 소속감을 느낄 수 있다.

어떤 어른들은 '지구인'은 알아듣기 힘든 '외계어'에 가깝다며 청소년의 은어들을 비판하곤 한다. 한글 파괴에 대한 우려를 그 이유로 내세운다. 하지만 이는 하나만 알고 둘은 모르는 소리이다. 나는 여러분이 은어로 만드는 그 소박한 마음의 공간이 아주 소중하다고 생각한다. 그것은 비슷한 인생의 과제를 짊어진 친구들끼리 나눌 수 있는 따뜻한 응원이기도 하니까.

취향을
공유하는 맛

여러 친구들 속에서 느끼는 소속감도 있지만, 마음이 맞는 한두 친구와 작지만 진하게 따로 만드는 소속감도 있다.

"취미가 뭐예요?"

대학생들이 '소개팅'에 나가서 이런 질문을 하면, 뻔한 질문이나 던지는 재미없는 사람으로 보이기 십상이다. 하지만 여러분에게는 이 질문이 아주 의미심장하게 다가올지도 모르겠다. 대중문화에 대한 흥미가 깊어지면서 자기만의 문화적 취향을 만들어 가느라 분주한 사람이 많기 때문이다. 아마 지금도 누군가는 틀림없이 음악을 들으면서 록 음악의 계보를 정리하고, 영화를 보면서 좋아하는 배우의 필모그래피를 쌓아 가고, 프랑스 소설을 몰입해서 읽으며 책에 밑줄을 긋고 있을 것이다.

십 대란 그렇게 '나의 취미는 무엇'이라고 여기는 것이 생기는 시기이다. 문화에 대한 감수성과 호기심, 취향이 생기는 중이라면 열정을 제대로 한번 쏟아 보기를 권한다. 그 과정에서 내가 누구인지에 대한 개념과 정체성도 조금씩 만들어 갈 수 있다.

이때 나와 관심사가 같은 친구를 만날 수 있다면 더할 나위 없이 좋다. 같은 취향을 공유하는 친구와 쌓아 가는 우정의 맛은 얼마나 달콤한지!

3
친구가 없는 괴로움

지질해지느니
위험한 게 낫다?

친구들과 함께할 때 중요한 것은 나에 대한 평판이다. 우리 마음 안에 '나'는 두 가지 버전이 있다. 하나는 '내가 평가하는 나'이고 다른 하나는 '남이 보고 있는 나'이다. 이 두 가지가 일치하면 참 좋겠지만 보통 둘 사이에는 많은 차이가 있기 마련이다.

십 대 시기에는 나라는 사람에 대한 분명한 확신이 없기 때문에 '내가 평가하는 나'의 점수는 실제보다 다소 낮은 수준이기 쉽다. 또 '남이 보고 있는 나'에 많은 영향을 받는다. 그중에서도 친구가 내리는 나에 대한 평가는 더욱 중요해진다. 나라는 존재에 대한 핵심적인 평가가 된다. 특히 십 대 남자에게 '지질이'가 되지 않아야 한다는 것은 지상 목표가 된다.

이런 실험이 있었다. 미국의 템플대학교 심리학과 교수인 로런스 스타인버그는 십 대와 성인 참가자들을 대상으로 운전 시뮬레이션 게임을 시켜 보았다. 참가자들에게 신호등이 노란색으로 바뀌는 순간, 빨간색으로 바뀔 때까지 차를 멈추고 기다리거나, 속도를 확 높여 신호등이 있는 구간을 지나칠 수 있다고 안내한 뒤 운전을 하게 했다.

성인들은 누가 옆에서 지켜보는지와 상관없이 신호를 기다리거나 무시하는 비율에 차이가 없었다. 누가 보든 신호를 기다리는 사람은 기다리고, 무시하는 사람은 무시한 것이다. 반면 십 대는 누가 지켜보는지에 따라서 행동이 달라졌다. 지켜보는 이 없이 혼자 운전을 할 때는 신호를 잘 기다렸지만, 친구가 옆에서 지켜보자 노란색 등에 신호를 지나쳐 버리는 위험한 행동을 하는 비율이 두 배나 증가했다. 왜 그랬을까?

친구가 옆에서 지켜보다가 나에 대한 평가를 바꿀 수 있어서 그렇다. '지질하게' 안전 운전을 하는 모습보다는 거칠게 차를 모는 모습을 보이고 싶어진 것이다. 착한 어린이가 아닌, 위험을 별것 아닌 것으로 여기는 태도를 보이면 친구가 나를 '쿨'하고 멋진 녀석이라고 생각할 것 같다. '쿨'해 보이고 싶다는 욕망이 위험을 감지하고 안전을 추구하는 자기 보호 본능보다도 더 강한 영향을 준 것이다. 이 실험으로 짐작해 보자면 십 대들은 어른들보다 친구의

평가에 민감한 듯하다.

　꼭 실험을 해 보지 않더라도 그 사실은 여러분 스스로 아주 잘 알고 있을 것 같다. 친구가 나를 어떻게 생각하는지 걱정되어서 밤새 뒤척인 날이 다들 한번씩 있지 않나?

　그런데 평판을 자꾸 신경 쓰다 보면 그것 자체로 스트레스가 된다. 친구들 사이에서 무시당하고 싶지 않다는 마음, 강한 모습을 보여야 살아남을 수 있다는 절박함이 생긴다. '우리는 친구니까 같은 행동을 하고 같은 판단을 한다'는 동료 의식, 즉 '또래 압력'이 느껴지는 것이다.

어른들은 "남의 시선 따위 의식하지 마라." 하고 말하지만 그게 말처럼 쉽지 않다. 남들이 나를 지질이라고 하면 그때부터 나는 지질이가 되는데, 어떻게 의식하지 않을 수 있을까?

나는 그 타협점으로 50%를 제안한다. 평판을 너무 의식하고 살면 '평판에만 목매는 텅 빈 존재'가 되어 버린다. 내 안에 진짜 내 것은 없고 남들의 평가만 가득하다. 남이 한 평가들은 내 마음 안에 뿌리 내리지 못한 채 떠다니다가 어느 순간 쑥 빠져나가 버리기 일쑤다. 평판에 대해 신경을 완전히 끌 수는 없지만, 그것이 내 마음속에서 절반 이상을 차지하지는 못하도록 하자. 나머지 50%는 나 스스로 만들어 가야 한다.

친구 무리에
끼지 못할 때

이렇게 친구가 중요한데 친구가 없다면? 친구들 모임에 들어가는 데 곤란을 느낀다면? 이것만큼 난감한 일도 없다.

친구 무리에 끼지 못하는 것은 "그래, 너희끼리 재미있게 잘 놀아라. 나는 나대로 놀지 뭐." 하고 호기 있게 선언해 버리면 끝날 일이 아니다. 아프리카 사바나에서 말이나 가젤이 무리 지어 생활하는 것은 날이 추워서가 아니다. 무리에서 떨어지면 사자의 먹이가 될 위험이 있기 때문에 똘똘 뭉쳐서 사자의 습격으로부터 보호

막을 치는 것이다.

또래 집단도 그런 힘을 갖는다. 친구들 무리에 끼어 있을 때는 안전하게 보호받고 있다는 데서 오는 안도감이 든다. 여기에서 튕겨 나온다는 건 마치 저 멀리서 사자가 달려오는데, 동료들에게서 동떨어져 홀로 남은 가젤 한 마리가 된 것 같은 느낌일 것이다. 그냥 불쾌한 정도가 아니라 위험하다고 여길 정도의 위기감을 불러일으킨다. 더 나아가 '내가 뭘 잘못했나?' 하는 죄책감과, '내가 못나서 그렇다.' 싶은 우울감으로까지 이어진다.

친구가 없으면 일단 학교 가는 것이 무척 두려워진다. 쉬는 시간에 얘기할 친구가 없다는 것은 커다란 고난이다. 점심시간에 일부러 굶기도 하는데, 배가 안 고파서가 아니라 급식실에 가서 같이 밥을 먹을 친구가 없어서다. 수련회에 가는 것도 싫다. 버스에 혼자 앉는 것도 싫고, 숙소에서 혼자만 꿰다 놓은 보릿자루같이 앉아 있는 것도 고역이다. 참 힘든 상황이다.

이럴 때 "아, 이번 생은 역시 꽝이구나."라고 탄식하고는 외톨이의 역할에 충실할 것인가, 혹은 "내가 너희를 따돌리겠다!"라며 스스로 아웃사이더를 자처하는 '정신 승리'를 할 것인가. 청소년기에 친구가 얼마나 중요한지 누구보다도 잘 아는 입장에서 차마 "혼자서 꿋꿋이 잘 버티는 것도 좋아."라고 조언할 수는 없을 것 같다.

셋이면 충분해

어떤 이유로든 친구를 사귀는 일에 곤란을 겪는 친구들에게 나는 이렇게 제안한다. 세 명이면 충분하다. 최종 목표를 세 명으로 하자!

"저도 유재석처럼 인기 있는 사람이 되고 싶어요."

친구 문제로 갈등을 겪을 때, 이런 마음을 내비치는 친구들이 있는데 이건 너무 거창한 꿈이다. 첫술에 배부를 수는 없는 법이다. 프랑스어에서 3은 trois라고 하는데, 이는 '많이'라는 뜻의 tres에서 온 말이다. 셋만 되어도 옛날에는 많다고 봤다. 요즘에는 페이스북이나 트위터 같은 미디어가 일상화되어 팔로어가 수천 명, 수만 명인 것이 흔해지니 3은 참 보잘것없어 보인다. 하지만 현실의 친구 관계에서는 셋이면 정말 많은 수이다.

그 목표를 달성하기 위해 제일 먼저 해야 하는 것은 0을 탈출하는 것, 즉 0에서 1로 가는 것이다. 친구가 아무도 없는 것과, 한 명이라도 있는 것은 아주 큰 차이다. 우리의 첫 번째 목표는 내 편, 아니 내 친구 한 명 만들기다. 이때는 용기가 필요하다. 누가 내게 다가오기만을 기다리는 것은 마치 사과나무 아래에 누워서 사과가 내 입으로 떨어지기를 기다리는 것과 같다. 기다리기보다 내가 먼저 다가가야 한다. 눈이 마주친 친구, 살짝 웃었을 때 같이 웃어주는 친구라면 대인 관계에서 마음이 열려 있을 가능성이 높다.

그렇다고 무작정 다가가 이렇게 말하지는 말자.

"나랑 친구할래?"

처음에는 일상적인 말부터 하는 거다. 그 친구의 가방이나 휴대폰 장식물을 유심히 본다. 그 친구가 좋아하는 애니메이션 캐릭터, 아이돌이 있으면 그에 관심을 보이자.

"너 ○○○ 좋아하는구나. 나도 누군지 아는데."

그 친구가 심심한 상태라면 신나게 이야기를 시작할 것이다. 행여 내가 그 친구보다 많이 알더라도 그런 내색은 하지 않는 것이 좋다. 지금은 토론 대결을 하려는 게 아니라 친구를 만들려고 하는 거니까. 일단 잘 들어 주며 호기심을 보이자. 자꾸 물어보고 이야기가 재미있다는 반응을 보이자. 내 만족이 아니라 친구의 만족이 더 중요하다. 그러면 그 친구는 다음에 또 나랑 대화를 하고 싶을 것이다.

"야, 너 진짜 관심이 있구나. 이번 주말에 콘서트가 있는데 같이 갈래?"

이런 제안이 들어오면 냉큼 가기로 약속하자. 학원도 한 번쯤 빠져도 된다.

이런 식으로 한 명의 친구를 만들면 이제 전보다 훨씬 든든하다. 한 명이 있는 것과 없는 것은 0에서 50으로 점프하는 것과 같다. 그다음에도 같은 방식으로 한 명 더 사귀어 보자. 한 번 해 봤고, 이미 한 친구가 있으니 두 번째는 좀 더 쉽다. 물론 그다음부터는 한 명을 더 사귀어도 5나 10만 올라간다. 하지만 한 명만 더 생겨도 그때부터는 안정권이다. 60은 되니 최소한 바닥에 가라앉을 것 같은 불안감은 없어진다.

삼위일체, 피라미드, 피타고라스 정리의 공통점은? 모두 삼각형과 관계있다는 것이다. 둘보다 셋이 좋은 건 삼각형을 이루어 안정적으로 되기 때문이다. 셋이 되면 그 친구의 친구들로 관계가 확장되면서 인간관계도 훨씬 풍부해진다. 외로움 극복이 너무 멀고 어려운 일이라고만 생각하지 말자. 두 번만 노력하면 된다.

4
친구가 밉도록 부러울 때

너 분했던 적이 있니?

친구가 좋은 이유는 평등하기 때문이다. 친구를 빼면 여러분이 만나는 거의 모든 사람은 내 위 아니면 아래에 있다. 대체로 나보다 위이다. 부모님, 형과 누나, 선생님, 삼촌 모두 나보다 위다. 아래에는 조카나 동생 정도가 있는데, 그 수가 아주 적다. 그나마 이들이 없었다면 세상에서 만나는 모든 존재는 나보다 위에 있을 뻔했다.

위의 사람들은 언제나 나에게 이걸 하라고, 저걸 하지 말라고 지시한다. 위도 아래도 아니어서 나에게 일방적으로 지시하지 않는 사람, 내 옆에 나란히 있는 유일한 사람이 바로 친구이다.

처음에는 함께하는 것만으로도 좋았다. 그러나 시간이 지나면서 꼭 그렇지만은 않다는 것을 알게 된다. 나보다 잘난 친구도 있고, 못난 친구도 있다는 것을 알게 되면서 마음이 복잡해진다.

이때 가장 많이 파생되는 감정이 '부러움'이다. 그 바닥에는 열등감이 있다. 열등감은 나쁜 것일까? 『미움받을 용기』라는 책으로 유명해진 알프레드 아들러라는 정신 분석학자는 인간 심리의 핵심으로 '열등감 콤플렉스'를 아주 중요하게 여겼다. 아들러는 열등감은 얼핏 나쁜 것 같아 보이지만 사실은 삶의 변화를 위한 동기를 얻는 데 가장 중요한 동력이 된다고 말한다. 열등감이 자극되면 더 노력해야겠다는 결심을 하게 되고, 그것이 발전과 성취의 힘이 된다는 것이다.

그런 면에서 여러분에게 부러움은 꼭 필요한 감정이다. "은호가 나보다 영어를 잘하네.", "시아는 나보다 춤을 잘 추네."라는 부러움을 느끼게 되면, "영어를 잘해야지." "춤을 연습해야지."라는 각오와 실천으로 이어질 수 있다. 부러움이 지나쳐서 친구의 새 스마트폰을 훔치고, 잘나가는 친구를 집단으로 괴롭히는 데까지 병적으로 나아가지만 않는다면 부러움과 적당한 열등감은 변화의 도화선이 된다.

그런 면을 알기에 나는 학업이나 일상생활의 문제로 나를 찾아온 십 대와 처음 상담을 할 때 꼭 이런 질문을 던진다.

"○○야, 너는 분했던 적이 있니?"

처음에는 무슨 말인지 못 알아들어 대부분 어리둥절해한다.

"예를 들어, 너랑 친한 아이보다 시험을 못 보면 화가 나거나 분한 마음이 드느냐고."

재차 물어보면 아이들의 반응은 둘로 나뉜다.

한쪽은 "저는 화가 난 적이 없어요. 친구에게 왜 분한 마음이 들어요?" 하면서 갸우뚱하는 친구.

또 한쪽은 "네, 너무 분할 때가 있어요. 그렇지만 해도 안 되는걸요." 하면서 급격히 시무룩해지는 친구.

이때 시무룩해지는 아이들은 오히려 변화의 가능성이 있다. 친구와 비교를 하고, 그에 따른 열등감과 분한 마음을 갖고 있다는 건 마음속에 충분한 에너지가 있다는 증거이기 때문이다. 에너지가 잘못된 방향으로 틀어져 있는 것을 생산적인 방향으로 바꾸기만 하면 그다음부터는 좋은 방향으로 알아서 변화해 나갈 수 있다.

그에 반해 몇 번을 물어봐도 별로 분하지 않다는 친구를 만나면 "너는 참 착한 아이구나."라는 말이 나오기보다 '어떡하지?' 하고 걱정이 든다. '친구가 잘해도 하나도 부럽지 않아.' 하는 마음은 마냥 좋은 신호는 아니다. 시기하거나 질투하지 않으니 남들이 보기엔 성격이 좋아 보이지만, 발전을 위한 노력의 불씨를 당길 이유가 없으니 나아지기가 쉽지 않다. 일단 에너지를 써 본 적 없으니 그것을 끌어내는 것부터 난관이다. 그러니 열등감에 '절어' 있고, 사소한 일에 분한 마음이 드는 자신을 너무 자학하지 마시길. 그것을 박차고 올라갈 힘이 나에게 있다는 뜻이니까!

적당한 정도로 친구를 부러워하자. 부러운 마음에 담배를 피우고, 부러워서 친구 따라 가출하는 것만 아니면 된다. 옆에서 함께 달리면서 부러운 마음을 불러일으키는 친구가 있다는 것은 내 인생에 큰 행운이라고 생각하자.

그런데 잠깐, 나에게는 친구들이 부러워할 만한 게 있을까?

"나는 잘하는 게 하나도 없어요. 한마디로 존재감이 없어요. 자동문도 내 앞에서는 안 열려요."

이렇게 호소하는 친구를 간혹 만난다. 자동문조차 안 열리다니, 이렇게 존재감이 미미할 수가! 세상에 그런 사람은 없다. 존재감이 없는 게 아니라, 그것을 발견하는 눈이 없을 뿐이다. 우리 학교생활에서는 그런 눈을 키우기가 힘들긴 하다. 학교생활은 공부를 중심으로 짜여 있기 때문에 잘하는 과목이 하나도 없으면, 남이 부러워할 만한 것이 없다고 여기기 쉽다. 자존감은 남이 부러워할 만한 것을 갖고 있다고 여기는 데서 피어나는데, 그런 것이 없다고 생각하니 자존감이 낮아진다. 친구들을 보면 하나같이 부러울 것밖에 없고, 나를 돌아보면 하나도 내세울 것이 없다면 자존감이 바닥을 치다 못해, 지하로까지 마구 내려간다.

이럴 때 속상해서 발을 동동 구르고, 세상과 부모를 원망해 봐야 더욱 우울해지기만 한다. 급할 것은 없으니 하나씩 내 것을 만들어 가 보자. 제일 먼저 할 일은 내가 갖고 있는 재능과 흥미를 찾는 것이다. 하찮고 별것 아닌 것 같아도 괜찮다. 집 앞을 지나가는 고양

이 한 마리라도 좋다. 뭔가에 몰두하고 계속 파 들어가다 보면 내 것이라 할 만한 것이 생긴다. 내 재능과 흥미를 잘 가꾸어 나가면 한 명 두 명 친구들이 모여들고, 부러워하는 시선을 보낼 것이다. 거기서부터 자신감이 생기기 시작한다. 전혀 모르는 남의 시선, 가족의 시선보다 더 효과가 좋은 것이 바로 '친구의 부러움'이다.

내가 있고
친구가 있다

친구가 무척 소중하기는 해도, 놓치지 않고 쥐고 있어야 하는 것은 '나'다. 내가 있고 그다음에 친구가 있다. 친구들이 내 옆에 있다고 해서 내 것을 다 퍼 주고 나면 나는 텅 빈 존재가 된다. 친구들이 고맙다며 다시 돌려주는 경우도 있겠지만, 껍데기만 남은 나를 남겨 두고 떠나 버리는 일도 많다. 그럼 얼마만큼 주어야 할까? 그때그때 다르다.

이런 상황을 상상해 보자. 나는 대학 입시를 위해 토플 점수가 필요하다. 몇 달 동안 따로 공부를 했고 이번 일요일에 시험을 볼 예정이다. 그런데 친구가 토요일에 옷을 사러 가야 하는데 혼자 가기 싫다면서 같이 가자고 한다. 이럴 때 어떻게 해야 할까?

공부는 이미 몇 달 동안 했으니 토요일에 하루 정도 쉰다고 해도 '대세'에는 지장이 없다. 하지만 한편으로는 내가 일요일에 아주 중요한 시험을 보는 것을 알고 있는 친구가 그런 부탁을 하니 좀 짜증도 난다. 자기 좋으려고 나를 배려해 주지 않는 것 같다. 동시에 오죽하면 내게 부탁할까 싶어 안타까운 마음도 든다. 그런데 내가 토요일에 마지막 특강을 안 듣고 옷을 사러 간 것을 엄마가 알게 된 상황을 그려 보니, 갑자기 오싹해진다.

이런 딜레마는 정답이 없다. 그러면 고민하는 것도 무의미할까? 그렇지 않다. "친구가 부탁했는데 당연히 가야지." 혹은 "시험이 코앞인데 어떻게 놀러 가?" 하면서 고민 없이 결정하는 사람보다 고민하는 사람이 훨씬 낫다. 그 과정에서 균형 감각을 익힐 수 있기 때문이다. 어떤 선택을 하든 충분히 생각하고 최선의 판단을 한다면 그 과정에서 나를 지키는 법, 친구에게 적당히 나누어 주는 법을 익힐 수 있다. 친구와 감정이 상할 정도로 다퉈 보고 화해도 해 보면서 친구를 좋아하는 것과 나를 지키는 것 사이에서 균형 감각을 익히면 나중에 성숙한 어른으로 살아가는 데 큰 도움이 된다.

친구는 가족이라는 주어진 관계를 벗어나, 그 바깥에서 내 힘으로 살아갈 때 반드시 생기는 불안감과 당혹감을 누그러트려 주는 존재다. 미미하고 연약하기만 한 내게 세상이 마냥 위험한 곳이 아니라 모험을 해 볼 만한 곳이라는 용기를 주는 존재, 낯선 사람을 만날 때 느낄 스트레스를 줄여 주면서 동시에 가족 안에만 안주하고 있다면 결코 얻지 못할 경험을 함께하는 존재, 친구.

영화 「가디언즈 오브 갤럭시」에는 조금 특이한 캐릭터가 등장한다. 주인공 일행 중 '그루트'는 마치 나무와 같은 생명체로, 오직 "나는 그루트다."I am Groot. 라는 말밖에 하지 않는다. 영화의 막바지에 주인공 일행은 추락하는 우주선에서 빠져나갈 방법이 없어 죽을 위기에 빠진다. 모두 낙담하던 와중에 그루트는 자기 몸을 뻗어 동료들을 감싼다. 그리고 이렇게 말한다.

"우리는 그루트다."We are Groot.

우주선은 추락해서 산산이 부서졌지만 그루트 덕에 주인공 일행은 살아남는다. 나는 이 장면이 영화의 하이라이트라고 생각한다. 자기 몫을 챙길 궁리만 하던 이기적인 등장인물들이 비로소 서로를 '우리'로, '친구'로 여기게 되었기 때문이다.

여러분에게는 그루트 같은 친구들이 있나? 여러분은 그루트 같은 친구가 되어 주고 있을까?

5부

부모님과 나,
왜 자꾸만 어긋날까?

이토록 첨예한 입장 차이

아빠랑 있으면 어색해

서현이는 아빠와 함께 있는 시간이 참 불편하다.

"학교는 어떠니?"

"친구는?"

"공부 힘들지?"

뭐라고 대답을 하란 말인가? 학교는 어제도 재미없었고, 내일도 재미없을 것이다. 그러니 어떻다 저떻다 할 얘기가 없다. 친구는 많지만 아빠는 어차피 내 친구들 이름도 모른다. 이름부터 얘기해서 어디까지 얘기하란 말인가. 공부에 대해서는 집에서까지 생각하고 싶지 않다. 내가 무슨 말을 하든 아빠는 자신이 학창 시절에 얼마나 열심히 공부했는지, 근거가 불확실한 이야기를 꺼내면서 더 열심히 하라는 말로 마무리할 것이 뻔하다. 그러니 서현이는 이렇게 대답할 뿐이다.

"그냥 그래요. 별일 없어요."

"친구랑 잘 지내요."

"공부 열심히 할게요."

대화는 30초 안에 끝난다. 그 후에는 어색한 침묵뿐. 빨리 이 자리를 벗어나고 싶다. 스마트폰을 꺼내 보기 시작한다. 아빠도 머쓱한지 슬그머니 신문이나 책을 꺼낸다. 밥상머리에서도, 학원에 가는 차 안에서도, 텔레비전을 볼 때에도 이런 어색한 공기가 갑자기 찾아온다. 처음엔 당황스러웠지만 곧 익숙해졌다.

서현이도 알고 있다. 아빠도 대화를 원한다는 것을. 내가 무슨 생각을 하는지 궁금해하고, 내 생활에 대해 이야기를 나누고 싶어 한다. 먼발치에서 동네 아저씨처럼 지내고 싶어 하지 않는다. 다만 대화하는 방법을 모를 뿐이다.

서현이네 거실 풍경은 아마 여러분의 거실 풍경과 크게 다르지 않을 것이다. 여러분도 서현이처럼 아빠랑 대화하기가 영 껄끄러워, 아빠 마음을 알면서도 모른척할 때가 있지는 않나?

초등학생들은 부모님에게 학교에서 있었던 일, 친구들과 했던 말을 미주알고주알 이야기한다. 하지만 학년이 올라가면서 집에 오면 말수가 적어지기 시작한다. 부모님에게 이야기하고 싶지 않은 것이 많아지는 데다, 괜히 얘기를 했다가 핀잔만 들을 때도 있기 때문이다. 그동안 친하게 지낸 엄마도 익히 아는 친구가 학교 폭력의 가해자가 된 일을 이야기하면, 엄마들은 끝까지 듣지도 않고 다짜고짜 이런 말부터 할 때가 많다.

"걔랑 놀지 마."

또 친한 친구가 아이돌이 되려고 연예인 기획사에 오디션을 보러 간 일을 이야기했다간, 이런 소리만 들을 확률이 높다.

"걔는 공부는 안 하고 뭐하는 거니? 걔네 부모는 무슨 생각으로 허락을 했대? 넌 다행이다, 노래도 못하고 춤도 못 춰서. 나도 걔 끼가 있어서 사고 칠 줄 알았다. 괜히 어울려 다니다 헛바람 안 들게 너도 조심해."

친구를 응원해 주지는 못할망정 나와 친구를 떨어뜨릴 생각만 하고, '기승전공부'로 모든 것을 공부 중심으로 말하는 부모님. 몇 번 이런 말을 듣고 난 다음부터는 말을 하려다가도 멈칫하고 입을 다물게 된다. 친구들 이야기를 들어 보면, 다른 부모님들도 다 비슷할 것이다.

함께 사는 부모님과 대화가 잘되지 않는 것은 여러분에게도 꽤 불편한 일이다. 외국 영화에는 열린 마음으로 들어 주고 차분하게 대화하는 엄마 아빠도 많이 나오던데, 그렇기 때문에 외국 영화인 걸까 싶을 것이다. 어릴 때는 그러지 않았는데, 왜 클수록 부모님과의 대화가 자꾸 엇갈리고 부딪힐까? 여러 이유가 있다.

우리가 부딪히는
세 가지 이유

첫 번째 엇갈림은 경험의 차이에서 온다. 십 대 시절을 지나오는 동안, 어른들은 허용된 경계 밖으로 나갔다가 다친 사람들을 더러 보았다. 누군가는 도로에서 자전거를 타다 마주 오던 트럭을 미처 피하지 못해 아까운 목숨을 잃었고, 또 누군가는 바닷가에 놀러 갔다가 등대에서 발을 헛디뎌 다리를 크게 다쳤다. 이런 이야기 하나쯤 들어 보지 않은 어른은 거의 없다. 신기하게도 나쁜 기억은 잘 잊히지 않고 오랫동안 기억된다. 그러니 십 대 자녀를 보면 조마조마한 마음이 들고 불안해진다. 내 자식만은 다치지 않았으면 하는 마음이, 아이가 모험을 통해 성장하기를 바라는 마음보다 클 수밖에 없다. 자연히 경고와 조언이 많아진다.

하지만 여러분은 그런 것을 아직 많이 못 보았다. 어렴풋이 알고는 있지만 진짜 본 적은 별로 없고, 또 경험의 범위가 아직 좁기 때문에 상상해 봐도 별다른 실체가 그려지지 않는다. 그러니 부모님이 하는 경고가 실감 나지 않고, 오히려 괜한 과장이나 거짓말처럼 느껴진다.

더욱이 여러분에게는 부모님의 품에서 벗어나 나만의 세상으로 나아가고 싶다는 마음이 그 무엇보다 중요하다. 물론 다치는 것은 당연히 싫다. 그러나 다칠까 봐 무서워서 아무것도 안 하는 것보다는 한번 나가 보려고 하는 것이 여러분의 '본능'이다. 그런데 부모님은 그런 마음을 몰라주는 것 같다. 여기에서 첫 번째 부딪힘이 발생한다. 마음이 서로 비껴가는 것이다.

두 번째 엇갈림은 시간에 대한 개념 차이에서 온다. 여러분의 시간과 부모님의 시간은 다르게 흐른다. 부모님의 마음에서 시간은 쏜살같이 간다. 살아온 세월을 돌이켜 보니 50년 인생에서 중고등학교 6년은 몇십 분짜리 드라마 두어 편에 불과하다. 그러니 내 자식은 하루하루를 허투루 보내면 안 될 것 같다. 부모의 마음은 '다음에'로 가득 차 있다.

"지금 힘들어도 참아. 기말고사 본 다음에 신나게 놀면 돼."

"이러고 있을 때가 아니야. 옆집 지현이는 벌써 중학교 수학을 다 끝냈대. 너도 그거 끝내고 난 다음에 놀아."

"지금 연애할 때가 아니야. 대학 간 다음에 해."

시간이 없다고 생각하니 부모님은 늘 조급하다. 공부를 잘하면 잘하는 대로 조바심이 나고, 못하면 못하는 대로 대책을 세우게 된다.

아마 여러분도 처음에는 하라는 대로 열심히 했을 것이다. 그런데 이제 조금은 놀아야겠다, 한숨 돌려야겠다 할 때마저 부모님은 바로 다음, 다음을 던진다. 마치 새로운 적이 끝없이 등장해 쉴 없이 '레벨 업'을 해야 하는 게임 같다. 그것도 재미가 하나도 없는 게임.

그러니 점점 부모님과 말을 섞고 싶은 생각이 사라져 간다. 엄마 아빠의 눈에는 내가 지금 노력하는 것이 잘 보이지 않는 것 같다. 열심히 해서 뭔가를 끝내도 "잘했다." "이제 됐다." 같은 말은 결코 꺼내지 않는다.

여러분의 눈에는 몇 달 후 정도라면 모를까, 그 너머까지는 아직 잘 보이지 않을 것이다. 이건 결코 내가 청소년 여러분을 무시해서 하는 소리가 아니다. 과학적으로 연구 결과가 나와 있다. 십 대 때에는 시간 개념이 아직 먼 미래를 제대로 조망하고 계획하고 실감할 정도로 발달되어 있지 않다고 한다. 그러니 부모님이 하는 '다음에'라는 말이 현실적으로 느껴지지 않는다. "미래를 위해 지금을 희생하라."라는 말도 감언이설 같다. 그저 공수표를 던지는 것만 같은데, 하나를 하고 나면 또 다음 공수표를 던지니 화가 난다. '다음'을 먼저 생각하는 부모님과, '지금'이 더 중요한 여러분 사이에 갈등이 있을 수밖에 없다.

더욱이 여러분의 마음속에서는 다음은커녕 '오늘 하루'만 해도 참 길게 느껴진다. 이따금 멍해지는 데다 시간 감각은 들쑥날쑥하다. 게임을 하거나, 친구와 수다를 떨 때에는 시간이 너무 빨리 가서 학원 가는 시간도 잊어버리기 일쑤다. 그렇지만 수업 시간에는 시계가 0.5배속으로 느리게 움직이는 것 같다. 지루하고 짜증 나고 몸을 가만두기 어렵다. 시간을 잘 통제하고 있다고 여기기보다 혼란을 느낄 때가 더 많다.

게다가 십 대 시절에는 삶의 반경이 획기적으로 늘어나고 감정의 폭도 커진다. 재미있는 일도, 난생처음 해 보는 일도 많다. 오랫동안 기억할 만한 사건도 많이 벌어진다. 기억할 일이 많아지면 시간이 상대적으로 천천히 흐른다고 느끼기 쉽다.

시간이 서로 다르게 흐르는 부모와 자녀 사이에, 엇갈림이 생기는 건 당연한 일이다.

세 번째 엇갈림은 부모님의 '건망증'에서 온다. 세상의 거의 모든 부모는 '건망증 환자'이다. "개구리 올챙이 적 생각 못 한다."라는 속담 그대로다. 특히 우리나라 부모들은 천편일률적인 데가 있다. 하나같이 자신들은 어릴 때 주어진 환경이 열악한데도 불구하고 오직 노력과 성실성으로 극복했다고 기억한다.

"그때를 생각하면 너희는 정말 좋은 환경에서 공부하는 거야. 엄마는 더 나쁜 환경에서도 공부 열심히 했어."

정말 그랬을까? 우리나라 부모님들은 모두 전직 공부벌레들일까? 우리나라가 초고속으로 경제 성장을 했다고 해서, 지금 어른들이 모두 학창 시절 남달랐을 거라고 생각하면 오산이다. 할아버지나 할머니가 기억하는 자녀들의 모습은, 아마 지금 여러분들과 더 비슷할 것이다. 하지만 어른들은 그런 부분은 모두 잊어버리고, 오직 자신이 열심히 한 것만 골라서 기억한다. 자신이 기억하고 싶은 모습만 기억하는 것이 사람 마음의 작동 원리라서 그렇다.

어른들은 자신의 십 대 시절을, 자신이 원하는 모습으로만 기억한다. 그러니 지금 자녀들의 모습을 보면 기가 차고 답이 안 나오고 답답할 따름이다. 실제로 자녀가 게으르고, 목적의식도 없고, 꿈도 희망도 없이 사는 것이 아니라 해도 건망증 환자인 부모의 눈에는 그렇게 보이기 쉽다. 그러니 얼마나 못마땅할까!

이렇게 서로 입장이 다르니 부모님과 부딪히고 갈등이 생기고, 어느 순간 아예 말을 하고 싶지 않게 되는 것은 어찌 보면 당연한 일이다. 그렇다고 평생 말을 안 하고 지낼 수는 없는 일. 어떻게 하면 좋을까?

2
원칙도 타협이 가능할까?

내 기준이
확고해질 때

효근이는 중간고사가 끝나면 저녁에 친구들과 함께 오랜만에 놀러 가기로 했다. 이번에는 꽤 일찍부터 시험 준비를 한 터라 더 홀가분했고 성적이 오를 것 같아 기분도 좋다. 친구들과 계획을 세울 때는 진짜 신이 났다. 극장에 가서 영화를 한 편 보고 저녁을 먹은 뒤 노래방에 가기로 했다. 그런데 엄마가 이 코스에 대해서는 듣지도 않고, 놀러 나가겠다는 말만 들으시더니 이렇게 효근이의 말을 툭 잘라 버렸다.

"저녁 먹게 7시까지는 들어와라."

친구 두 명은 누구네 집에서 잘지 고민하고 있는데, 왜 나만 저

녁 먹기 전에 들어와야 한단 말인가? 게다가 아빠는 아침에 용돈
을 주시는데 턱없이 부족했다. 아빠는 요즘 물가를 도통 모르는 걸
까? 지난 생일에 할아버지에게 받은 용돈이 없었으면 큰일 날 뻔
했다.

"저녁 먹고 노래방 가기로 약속했다니까요."

항변해 보았지만, 밥 먹고 쉬다가 일찍 자든지 다음 날 학원 갈
준비를 하라는 말이 돌아왔다.

"학생답게 놀아라."

"시험이 끝났더라도 적당히 놀아야지."

이런 포괄적인 원칙만 내세우면 다인가?

더 황당할 때는 아빠의 입장과 엄마의 입장이 다를 때다. 지난 일
요일 오후에 학원에 가면서, 수업 끝난 다음에 친구와 떡볶이를 먹
고 오겠다고 아빠에게 허락을 받았다. 떡볶이를 먹고 있는데 엄마
가 왜 안 오냐고 득달같이 전화를 했다. 목소리가 심상치 않았다.
아빠에게 허락받았다고 해도 엄마는 허락한 적 없다며 무조건 들
어오라고 한다. 아빠랑 엄마는 부부간에 서로 대화를 안 하는 걸까?

누구나 어릴 때는 뭔가 이상하다는 느낌이 들어도, 부모님 말씀
이 맞겠지 하고 따른다. 하지만 십 대가 되면서 서서히 달라지기
시작한다. 효근이처럼 내 마음속의 기준이 전에 비해 확고해지고,
부모님이 세운 원칙이라도 하나하나 다시 따져 보게 된다.

사실 인간에게 '나만의 기준'이라는 것이 생기는 역사는 꽤 옛

날로 거슬러 올라간다. 우리가 말을 배울 때까지 올라간다. 누구나 처음 입을 뗀 뒤에 한 의미 있는 말은 엄마, 맘마, 아빠 정도였을 것이다. 이때가 대략 생후 12개월 즈음이다. 생존에 필요한 가장 기초적인 세 단어를 배운 뒤, 바로 다음에 익히는 단어는 대체로 이것이다.

"싫어!"

도리도리 고갯짓을 하거나, 싫다고 말하는 것은 나만의 기준이 생겼다는 신호다. 내 기준이 생겼기에 지금 엄마가 주려는 음식이 싫어서 먹기 싫다고 할 수 있다. 그래서 이것을 심리학자들은 '심리적 탄생'이라고도 한다. 엄마 배 속에서 나올 때 신체의 탄생은 일어나지만, 심리적인 탄생은 그로부터 약 1년 후, 싫다는 말을 할수 있을 때에 비로소 일어난다는 것이다.

그 후 발전에 발전을 거듭하면서 어느덧 십 대에 다다른다. 부모님이 세워 둔 여러 기준들이, 내가 생각하는 기준과 맞지 않는 순간이 온다. 그리고 그런 순간이 감정적으로 견디기 어려워진다. 기준을 세우는 사람과 맞서 싸워 이기는 것이 마치 나의 사명같이 느껴진다. 나만의 삶을 만들려면 부모님의 품을 벗어나야 한다. 여러분도 안다. 저 바깥은 위험할 수도 있고, 별것 없을지도 모른다. 그래도 밖으로 나가고 싶다. 그래서 부모님이 일방적으로 세운 벽이 더욱 답답하게 느껴지고 그 너머를 가고 싶다는 바람이 강렬하게 솟구쳐 올라온다.

부모님의 입장은 완전히 다르다. 그전까지 학교 끝나면 곧장 집으로 돌아오던 아이, 어디에서 뭘 하고 노는지 빤하던 아이가 십 대가 되면서 활동 반경이 넓어지기 시작한다. 버스를 타고 멀리 가기도 하고, 위험해 보이는 행동도 조금씩 시도한다. 이러다 다칠까 봐 덜컥 겁이 난다. 그래서 자녀가 십 대가 되면 전과 달리 규칙을 더 세세히 만들고 엄격하게 적용하려고 애쓰게 된다. 세상이 궁금하고 자기만의 기준을 세우려는 십 대와, 험한 세상에서 자녀를 지키고 싶은 부모, 그 가운데에 규칙이 있다.

규칙을 만드는 것은 일종의 선을 긋는 것이다. 여러분의 가정에도 각자의 선이 그어져 있다. 여러분은 최대한 선 가까이에 머물면서 그 선을 넘어갈 기회를 호시탐탐 노릴 것이다. 그 선 너머에 뭐가 있는지 궁금하기 때문이다. 아마 선이 없었다면 선 너머가 별로 궁금하지 않을 것이다. 선이 있기에 호기심이 마구 생긴다. 그 호기심 아래에 깔린 생각은 이러할 것이다.

'선을 넘지 않으면 나는 그저 엄마 아빠의 손바닥 안에서 노는 꼬마일 뿐이야. 선을 넘어야 할 절실한 필요가 있는 것은 아니지만, 그래도 넘어가 볼 거야. 그게 진정한 어른의 길 아니겠어?'

나를 꽁꽁 묶어 가둬 놓는 것이 아니라 해도 웬만큼 규칙을 풀어 주는 것으로는 그 호기심과 답답함이 쉽사리 해소되지 않는다.

하지만 그럴수록 한 가지 인정해야 하는 것이 있다. 우리가 어른이 되어서, 경제적으로 심리적으로 독립하기 전까지는 부모님의 보호 아래에 있다는 사실이다. 그리고 부모님이 세운 규칙은 나를 괴롭히기 위한 것이 아니라, 나를 지키기 위한 것이다. 안전을 위한 최소한의 원칙을 세운 것이다. 오토바이나 자전거를 탈 때 갑갑해도 헬멧을 쓰고, 자동차를 타면 안전띠를 매는 것과 같다.

그러니 규칙이 너무 엄격하다고 생각되더라도 무작정 규칙을 무시하기보다는, 부모님과 그 적절한 선에 대해 타협을 해 보자. 타협할 때 좋은 전략이 있다.

불안은 잠재우고 공감은 이끌어 내고

일단 부모님을 안심하게 하자. 시험이 끝나면 친구와 놀러 가기로 했는데, 엄마가 세운 규칙이 부당하거나 친구들에 비해 너무 엄격하다는 생각이 든다면 이렇게 말해 보자.

"엄마, 현선이네 집에서는 9시까지 오라고 했대요. 그리고 오늘 놀러 가는 곳은 사람도 많은 데다 친구들 여섯 명이 같이 가는 거예요. 현선이네 엄마 알잖아요. 많이 늦으면 데리러 오신다고 했대요."

가는 곳이 충분히 안전하다는 '팩트', 9시가 친구들의 평균 귀가 시간이라는 '통계', 돌발 상황에 대한 '대비책'까지 완벽하게 갖추었음을 알리는 것이다. 엄마가 막연한 불안감을 내세우며 빠져나갈 틈이 없다. 치밀하지 않은가! 그러면 대개 엄마는 한 번 더 고민에 빠질 것이다.

하지만 그래도 단번에 규칙을 바꾸는 것을 주저할 수 있다. 이럴 때는 한 템포 늦추어 엄마에게 생각할 시간을 줄 필요가 있다. 하지만 생각을 너무 오래 하다 보면, 다시 불안감이 퐁퐁 솟아날 수 있으니 그 사이 '공감 전략'을 써야 한다. 부모님도 나처럼 십 대라는 시간을 지나왔다는 사실을 상기시키는 것이다.

엄마 아빠는 나에게 처음부터 엄마 아빠였기 때문에, 부모님에게도 어린 시절이 있었다는 것은 어쩐지 잘 상상이 안 된다. 하지만 할머니, 할아버지가 이따금 '증언'을 던지실 테니, 그것을 토대로 상상력을 발휘해 보자. 엄마 아빠도 할머니 할아버지와, 나와 비슷한 갈등을 빚었다. 그때는 노래방이나, 패밀리 레스토랑이 없긴 했지만 극장이나 분식집은 있었다. 옛날 청소년들도 놀 데는 많았다는 뜻이다.

그러니 이런 질문을 던져 보자.

"엄마는 시험 끝난 날 뭐 했어요?"

그 어떤 부모도 이렇게 말하지 않는다.

"난 시험 끝난 날 정답 맞혀 보고, 오답 노트 정리하고, 잠시 쉰 다음에 바로 공부를 시작했지."

세상에 그런 학생은 정말 드물다. 그보다는 자신이 얼마나 신나게 놀았는지 무용담을 펼칠 가능성이 높다. 이때 재미있게 이야기

민준은 책에서 배운 '타협의 기술'을 실행해 보기로 했다.

기술 1.
안심시키기

기술 2.
공감 불러일으키기

기술 3.
스토리를 담기

항상 이길 수 있는 건 아니다.

를 들어 주다가, 적당한 타이밍에 기습적으로 허를 찔러 보자.

"그러면 할머니는 별 말씀 없었어요? 엄마가 그렇게 노는데?"

일종의 역지사지 전략을 쓰는 것이다. 공감의 마음이 커지면 불필요한 걱정을 덜고, 규칙의 끈을 조금 느슨하게 풀어 줄 수 있다. 엄한 부모님이라고 해서 지레 포기하고 세게 나갈 필요는 없다. 물론 모든 것이 내가 원하는 대로 되지는 않는다. 모든 것이 내 뜻대로 되는 것, '규칙 제로'로 되어 버리는 것도 나에게 썩 좋은 일은 아니다.

타협은 원하는 것을 얻는 방법이 아니라, 좋은 관계를 유지하면서 너도 이기고 나도 이기는 방법이다. 답답하고 화가 나더라도 잠깐 멈춰서 서로의 입장을 이해하고, 그 안에서 줄 것을 주고, 얻을 것을 얻는 과정이다. 여러분은 이제 그런 어른스러운 타협을 할 줄 안다!

스토리텔링도 전략

부모님들은 흔히 아이들이 먼저 다가올 때는 뭔가 필요한 것이 있을 때뿐이라고 하소연한다. 용돈이 필요하거나, 옷을 새로 사야 하거나, 학원을 빠져야 하거나 등등. 이런 이야기에 가슴이 찔끔한 친구들도 있을 것이다. 사실 청소년기가 되면 누구나 필요한 것이 많아져서 '어떻게 하면 원하는 것을 얻어 낼까?' 하는 궁리를 많이 하게 된다. 이럴 때 필요한 전략이 스토리텔링이다. 기승전결이 있는 이야기를 만들어 보는 것이다.

"티셔츠 사게 2만 원만 주세요."

마음만 급해서 이런 말을 불쑥 던지면 실패할 가능성이 크다.

"이번 주말에 지영이 환송회 하기로 했어요. 지영이 전학 가잖아요. 마지막으로 친구들끼리 티셔츠 색깔 맞춰 입고 기념사진 찍기로 했어요. 내가 파란색 맡기로 했는데, 집에 파란색이 없어요. 어차피 곧 여름이라 티셔츠 필요할 텐데 미리 하나 살게요. 어제 요 앞에서 세일하는 거 찜해 놨어요."

'칼만 안 든 강도'처럼 다짜고짜 돈 내놓으라는 자식보다, 이렇게 구체적으로 쓸모를 말해 주는 자식에게 부모님도 더 마음을 열지 않을까?

물론 그런다고 모든 부모님이 단번에 설득되지는 않는다. 그래도 부모님이 내가 뭘 원하는지 알게 되었다면 그것만으로도 성과는 있다. 시간을 두고 기회가 될 때 두어 번 더 말을 꺼내 보자. 이건 무작정 조르는 것과는 다르다. "사 줘, 사 줘!" 하고 '노래'를 부르면서 부모님이 포기할 때까지 떼쓰는 것은 서로 지치는 일이다. 부모님이 타당하다고 생각할 때까지, 내가 필요한 다른 이유를 더 찾아서 제시해 보고 부모님 의견에 타당한 점이 있다면 받아들일 줄도 알아야 한다.

"하루만 필요한 거면 언니 거 빌려 입자. 언니한테 하늘색 있던

데, 꼭 진한 파랑일 필요는 없지 않니? 반팔 티셔츠는 아직 사기엔
일러."

타협점이 생기면, 적당한 선에서 타협하는 것도 설득의 기술이다.

프로 야구 한국 시리즈에서 우승하려면 단 한 게임도 패배해서
는 안 될까? 그렇지 않다. 몇 번 게임을 지더라도, 이긴 게임이 많
으면 올해의 우승 팀이 될 수 있다. 소통도 그렇다. 내가 원하는 것
을 못 얻을 수 있다. 하지만 부모님은 '마음의 빚'을 지게 되고, 그
덕분에 다음번에 비슷한 상황이 생기면 '이번에는 허락해야겠네.'
하는 쪽으로 선택의 추가 움직일 가능성이 생긴다. 이렇게 주고받
는 것이 관계이고 소통이다.

3
감정이라는 지뢰를 밟지 말자

기울어진 운동장에서
펼치는 경기

세상은 공평하고 합리적으로 돌아가야 하는 게 맞지만, 부모님이 나를 대하는 것을 보면 전혀 그렇지 않은 것 같을 때도 있다. 내 나름대로 생각을 정리해서 말해 봐도, 부모님은 양보 없이 원칙만 반복하실 수도 있다. 모든 어른이 늘 논리적인 것은 아니어서 때로는 부당하게, 억울하게 내 말이 묵살되기도 한다.

한두 번 타협에 실패하다 보면, 계란으로 바위를 치는 짓이라는 허탈감과 무력감이 커진다. 그러다 보면 여러분도 사람인지라 반격의 기회를 노리기 마련이다. 부모님의 약점을 파고들어 결정적 타격을 주고 싶은 욕망이 끊임없이 고개를 든다. 특히 한두 마디

말에 확실한 반응을 보이는 부모님일 경우, 그 욕망은 더욱 커진다.

여러분이 부모님의 약점을 노리게 되는 이유는 또 있다. 사실 부모와 자녀의 대화란 '기울어진 운동장'에서 하는 경기라고 할 만하다. 한쪽으로 기운 운동장에서 축구를 하면 어떻게 될까? 한쪽 편은 공을 차며 내리막길을 가니 경기가 수월하지만, 상대방은 공을 차도 되돌아오기 일쑤에, 뛰는 건 두세 배로 힘이 든다. 부모 자식 사이의 대화가 바로 그렇다. 여러분이 아직 미성년자이기 때문이다.

냉정하게 말해서 여러분은 아직 부모님의 집에 얹혀살고 있는 셈이다. 자기 방이 있더라도 방세를 내지는 않는다. 부모님의 돈으로 학교도 다니고 옷도 사 입는다. 법적으로도 아직 부모님의 책임 아래에 있다. 근육의 힘으로 아직 아빠를 당해 내기 어렵고, 말솜씨에서 엄마를 이기기 어렵다. 경험의 '레벨' 차이는 말할 것도 없다. 조건의 차이가 확연하다.

어릴 때에는 경기나 경쟁이라는 생각조차 못하고 지내지만, 십대가 되면서 본격적으로 부모와 경기를 펼치게 된다. 부모와 논쟁을 하고, 내 주장을 통해 원하는 것을 얻고자 한다. 그러나 기울어진 운동장에서 경기하다 보니 패배의 나날이 이어진다. 어쩌다 행운이 따라야 이길 수 있을 것 같다.

그래서 자식들은 빈틈을 노리게 된다. 약소국이 강대국과 전면전을 하면 질 것이 뻔하니 게릴라전을 펼치는 것과 비슷하다. 자식이 펼치는 게릴라전 중 대표적인 것이 바로 부모의 약점을 건드리는 것이다.

약점을 건드리는 대화는 부모의 감정을 흔들어 보았다는 것만으로도 소기의 목적을 달성했다고 느끼기 쉽다. 하지만 여기에 맛을 들이면 어느 순간부터는 원하는 것을 얻거나, 자신의 억울함을 표현하고 이해시키는 것이 아니라, 부모님을 기분 나쁘게 하고 감정을 자극하는 것이 그 자체로 목적이 되어 버린다.

감정을
자극하는 말들

자식들이 부모님의 감정을 자극하기 위해 하기 쉬운 말들은 주로 이렇다.

"지금까지 나한테 해 준 게 뭐가 있어?"

원하지 않은 것만 주로 해 주고, 원하는 것은 해 주지 않는 부모가 야속해서 하는 말이다. 물론 먹여 주고 재워 주고 지금까지 키워 준 것은 고맙지만, 그것은 부모의 의무가 아닌가. 이런 마음에 내뱉는데 부모님에게 이 말만큼 강한 충격을 주는 말은 없다. 정말 자식에게 해 준 게 없어서 당황스러워서가 아니다. 부모가 갖고 있는 미안한 마음을 자극하기 때문이다.

여러분이 친구들과 비교하면서 나만 유독 용돈도 적고, 자유도 적은 것같이 느끼듯이 부모도 다른 부모들과 자신을 비교한다. 뉴스를 보고, 다른 사람들의 이야기를 들으면서 아이에게 최선의 양육 환경을 제공하고 있는지 늘 고민한다. 마음 같아서는 더 좋은 학원에 보내고 싶고, 더 좋은 음식을 주고 싶고, 더 좋은 경험을 해보게 하고 싶다. 하지만 경제적 여유, 시간 여유가 없어서 다 하지 못하는 미안한 마음을 항상 갖고 산다. 그런데 아이가 "나한테 해 준 게 뭐가 있어요?"라는 말을 하면? 그야말로 억장이 무너진다. 부모도 인간인지라 그런 말을 들으면 '모 아니면 도'라는 마음이 불쑥 든다. 극단적인 반응을 하기 쉽다.

"그래, 미안하다. 여태 아무것도 해 준 게 없으니 앞으로도 계속 안 해 주면 되겠네. 이제부터는 네 마음대로 해!"

"엄마가 하라는 대로 했다가 다 망쳤어."

한 고3 학생이 내게 한 말이 기억난다.

"선생님, 저는 태풍이 제일 부러워요. 태풍은 진로가 결정돼 있잖아요."

앞날이 불투명한 고3은 일기예보에 나오는 태풍마저 부러웠던 것이다. 얼마나 진로 문제로 골치를 썩이면 그럴까? 그 마음이 충분히 이해되었다. 대한민국 청소년이라면 모두 같은 마음이 아닐까?

진로에 대해서라면 부모님도 불안하기는 마찬가지다. 그래서 어떤 대학을, 어떤 전공을 택하는 게 좋을지 열심히 정보를 모으면서 차근차근 준비해 나간다. 그러나 모든 것이 그림 그린 대로 이루어질 수는 없는 법이다. 특히 일주일 정도의 짧은 기간이 아닌, 최소 3, 4년 앞을 내다봐야 하는 입시와 관련한 계획이라면 그 사이에 끼어들 변수가 너무나 많다. 그렇지만 매순간 이것이 최선의 선택이라는 마음으로 계획을 세우고 지원을 해 왔다.

아마 여러분은 조금 미심쩍더라도 부모님이 하라는 것이니 믿고 따라왔을 것이다. 하지만 내가 주도적으로 해 나가는 것이 아니라 부모님이 표시해 놓은 대로 가다 보면, 마치 여행사의 패키지여행을 다니는 기분이었을지도 모르겠다. 그러면 결과가 나쁠 때 더 화가 난다. 저런 말이 튀어나오는 이유다.

하지만 그 어떤 부모도 자식이 잘못되고, 실패하고, 좌절하는 방향으로 계획을 세우지는 않는다. 그저 하다 보니 일이 이렇게 되었을 뿐이다. 이 모든 결과를 부모님이 온전히 다 안아야 한다고 하면 부모님도 사람이니 화가 난다. 화가 나면 나오는 반응은 역시 감정적이기 쉽다.

"내 계획은 완벽했어! 네가 제대로 안 하니깐 그렇게 된 거지!"

이런 싸움은 소모적일 뿐이다.

이제 이런 말을 할 시기가 조금 지나기는 했다. 이런 말은 대여섯 살 때 많이 한다. 하지만 지금도 필요하다 싶을 땐 튀어나온다. 은근히 효과가 좋기 때문이다.

남에게 미움을 받고 싶은 사람은 없다. 그런데 다른 사람도 아니고 내가 낳은 아이가 나를 미워한다면? 그 아픔은 훨씬 클 수밖에 없다. 부모가 자식에게 베푸는 사랑은 무한하다. 물론 대가를 바라고 베푸는 것은 아니다. 고맙다는 말을 듣고 싶은 마음까지는 없다. (아주 가끔은 듣고 싶기도 하다.) 최소한 감사의 마음을 갖고 있기라도 바란다. 그런데 자식이 부모를 향해 이 세상 그 누구보다도 밉고 싫은 존재라고 말한다면? 부모로서 지금까지 해 온 모든 노력이 물거품이 되었을지도 모른다는 본능적 불안감이 솟아난다. 허탈하다. 10년 동안 은행에 돈을 꼬박꼬박 저금했는데, 통장 정리를 해 보니 한 푼도 남아 있지 않을 때? 그보다 100배는 더 허탈하다. 그래서 화가 난다. 더욱이 내 자식이 감사를 모르는 존재라는 생각에 '배은망덕'의 분노까지 함께한다.

결국 부모는 똑같은 저주를 되돌려줘 버린다.

"나도 네가 싫어. 너만 없었으면 훨씬 행복하게 살았을 거야."

"나중에 너 같은 자식 낳아서 똑같은 소리 들어 봐라!"

결국 되로 주고 말로 받는다.

이렇게 감정을 자극하는 말은 여럿 더 있다.

"다른 집은 안 그런데 왜 우리 집만 이래요?"
→ 막연하고 근거 없는 방식으로 비교하기.

"내가 힘든 걸 왜 몰라주는 거예요? 엄마는 로봇이에요?"
→ 엄마는 인간이 아니라고 공격하기.

"한 번도 나를 인정해 주지 않았어요. 너무 억울해요."
→ '기억 상실증'적으로 우겨서, 칭찬에 인색한 부모의 죄책감 자극하기.

이런 말들은 당장은 부모의 표정을 일그러트리니 계란을 던져 바위를 흔들리게 한 듯한 느낌이 들 수 있다. 효과적인 듯 보인다. 그래서 '중독'되기 쉽다. 일단 부모의 감정 반응을 불러내면 그 반응을 보면서 원하는 것을 얻거나, 관심을 끌 수 있을 것 같다.

하지만 이는 부정적인 방향으로 관계를 이끌어 갈 뿐이다. 또 다른 감정적 맞대응을 낳아 악순환이 계속된다. 나는 이런 상황을 '감정이라는 지뢰를 밟는 일'이라고 표현한다. 물론 부모님도 지뢰로 공격할 수 있다.

"엄마 친구 아들 도윤이는 이번에 특목고 준비한다더라."

→ '엄친아'(엄마 친구 아들) 사례로 기죽이기.

"네가 제대로 하는 게 뭐가 있니?"

→ 사소한 꼬투리를 잡아 포괄적으로 구박하기.

"내 이럴 줄 알았다. 아침부터 뭉그적거리더니."

→ 전지적 작가 시점을 활용해 불 난 집에 부채질하기.

"넌 뭐가 되려고 맨날 이러니? 될성부른 나무는 떡잎부터 안다는데."

→ 과거를 들추며 나쁜 미래를 예언하기.

서로 이런 지뢰를 놓고 밟기 시작하면, 집은 그야말로 피 터지는 전쟁터가 되어 버린다. 그 끝은 정말 참혹하다. 그러니 아무리 답답하고 화가 나도, 지뢰만은 피하자!

4
그냥 이야기해 봐

꽤 괜찮은 대화 상대, 아빠

평소에 대화가 많은 집이 아니라면, 막상 대화를 하려고 해도 어떻게 말을 꺼내야 할지 난감할 것이다. 무슨 말부터 시작해야 할까?

이럴 때는 고민할 필요가 없다. '그냥' 이야기하면 된다. 이야기를 하는 데에는 특별한 기술이나 계획이 필요하지 않다. 오늘 있었던 일을 말하면 된다. 어색하고 쑥스럽긴 하지만 벽을 보고 혼잣말을 중얼거리는 것보다 낫다는 마음을 먹으면 할 만해진다. 학교에서 있었던 일, 친구와 분식집에서 김밥 먹은 이야기, 옷차림이 특이한 선생님 이야기 등 어떤 소재도 좋다.

특히 아빠 앞에서는 뭔가 거창한 계획이라도 말해야 할 것 같지만, 알고 보면 아빠들은 그런 것까지 기대하지 않는다. 하고 싶은 말을 넋두리하듯이 해 보면 아빠는 의외로 열심히 들어 주실 것이다. 아빠도 대화가 고프기 때문이다.

아마 여러분 중에는 정말 아빠가 나와 대화하고 싶은 마음이 있을지 긴가민가한 친구도 있을 것이다. 집에 들어오면 안방으로 직행하고, 어쩌다 저녁을 함께 먹을 때도 묵묵히 밥과 반찬만 응시하는 아빠를 보면, 대화는커녕 나란 존재가 아예 보이지 않는 건가 싶을 것이다. 하지만 단언컨대, 아빠들은 여러분과 대화하고 싶은 마음이 굴뚝같다.

중년 남성들을 상담할 때 자주 듣게 되는 고민이 바로 '자식과 소통의 부재'다. 소통을 그렇게 원한다면 왜 그동안은 대화가 부족했을까? 열에 아홉은 그 이유가 똑같다.

"아이들이 어릴 때에는 매일 야근에, 주말에도 출근하느라 애들 자는 모습밖에 못 봤어요. 어쩌다 한번 놀이공원이나 가는 게 전부였죠. 이제 조금 여유가 생겨서 아이와 얘기를 하려고 하는데, 어디서부터 해야 할지 모르겠어요."

아이가 청소년이 되면 말도 더 잘 통할 테니, 대화 욕구는 더욱 커진다. 하지만 갑자기 대화를 늘리겠다고 하는 행동이 서툴기 짝이 없다. 불쑥 자녀의 방문을 열고 들어가거나, 뜬금없이 뉴스 얘기를 꺼내는 식이다. 그러면 여러분들은 아빠가 자신을 쳐다보는 것 자체를 부담스러워하기 시작한다.

"아빠, 갑자기 왜 그래? 하던 대로 해!"

이런 말이 나오기 십상이다. 악순환이다.

그러니 자식들이 먼저 말을 걸어 주면, 그것만으로도 아빠들은 무척 반갑다. 겉으로는 짐짓 무심한 척해도 속으로는 두 팔 벌려 환영한다.

물론 어이없는 질문이나 반응이 나올 것은 예상해야 한다. 내 친구 이름도 잘 모르고, 지금 내가 화가 난 이유에 대해 앞뒤 사정을 하나도 모르기 때문에 이해력이 많이 떨어질 수밖에 없다. 이럴 때에는 드라마가 본 방송을 시작하기 직전에 '지난 회에서는'이라는 제목을 달고 앞서 일어난 사건을 간단히 요약해서 보여 주듯이, 지금까지 있었던 일을 정리해 주면 된다.

요리를 하려고 해도 냉장고가 텅 비어 있으면 할 수 없듯이 자식과 부모 사이에도 이야깃거리가 쌓여야 대화를 할 수 있다. 먼저 내 이야기를 쌓아서 차근차근 냉장고를 채워 나가자. 그 과정에서 여러분도 아빠에 대해 더 이해할 기회가 생길 것이다.

혼자 답답하게 삭이느니 아빠에게라도 얘기를 하면 후련한 면도 있고, 다른 친구에게 이야기했다가 애먼 말이 돌아서 나중에 머리 아플 일이 벌어질 위험도 없다. 그런 면에서 보면 '리액션'이 다소 약해서 그렇지 아빠도 나쁘지 않은 대화 상대이다.

이때 주의해야 할 것은 아빠가 훈수를 두려고 시도하는 것이다. 대부분의 아빠들은 자식이 고민을 이야기하면 '답'이나 '해결책'을 주어야 할 것 같은 압박감을 느낀다. 왜 느끼는지는 잘 모르겠지만 대부분 느낀다. 그건 지금 여러분이 원하는 아빠의 역할이 아닐 것이다. 물론 들어 보면 아주 가끔 괜찮은 해결책일 때도 있지만, 그렇다고 아빠의 모든 해결책을 행동으로 옮길 필요는 없다. 그저 하나의 의견으로 받아들이면 된다. 그러나 아빠가 듣는 것에 집중하지 않고 해결 방법을 찾느라 고심하면 단호히 말해야 한다.

"아빠, 그냥 들어만 주세요."

초기에 몇 번 이렇게 강하게 가이드를 주면, 아빠들은 어렵지 않게 '잘 듣는 아빠' 역할을 해낼 것이다.

다만 대화를 하다 감정이 울컥해지더라도 과거에 아빠에게 실망했던 기억, 원망스러웠던 기억을 꺼내서 사과를 요구하거나, 잘잘못을 따지는 것은 하지 않았으면 한다. 그러면 대화가 이어지지 않는다. 대화란 이기고 지는 경기가 아니라 시소 같은 것이다. 시소는 한쪽이 너무 무거우면 재미가 없다. 서로 번갈아 가며 오르락내리락해야 즐길 수 있다. 아빠를 독설 한마디로 케이오ko 시키고 싶은가? 그래 봐야 크게 남는 것도 없다. 기왕이면 대화의 묘미를 즐겨 보자.

아빠는 텅 빈 냉장고, 엄마는 꽉 찬 냉장고

자, 그럼 엄마는 어떡하면 좋을까? 엄마는 아빠와 달리 이미 충

분히 많은 재료를 냉장고에 갖고 있는 경우가 많다. 소통을 하는 데 재료 문제는 별로 없다. 도리어 재료가 너무 많은 게 문제일 때가 있다. 엄마의 머릿속에는 나조차 기억하지 못하는 내 과거의 기억들이 꽉 차 있다. 마치 '언젠가는 쓸데가 있겠지.' 하는 마음으로 아무것도 버리지 못하고 내버려 둔, 우리 집 냉동고 같다. 그것이 엄마와의 소통에 장애물이 되곤 한다.

"지난번에도 그러더니, 왜 조심을 안 하는지 몰라."

이런 식이다. 그래서 엄마의 잔소리는 길어질 수밖에 없다. 아빠는 텅 빈 냉장고이다 보니 소통이라는 요리를 할 때 마냥 듣거나 가끔 '추임새'를 넣는 것밖에 별로 할 말이 없지만, 엄마는 재료를 하나하나 다 꺼내서 늘어놓을 수 있다. 내가 잊어버리고 싶은 일들까지 다 꺼내서 지금의 한 끼 대화에 집어넣는다. 뭐가 뭔지 모를 상황이 되어 버리기 일쑤다.

일단 엄마는 그런 경향이 있다는 것, 그만큼 엄마는 나를 잘 이해하고 내 행동을 잘 기억한다는 것을(물론 온전히 엄마의 주관적 관점으로 해석한 기억이다.) 받아들이자. 엄마랑 얘기할 땐 말이 길어지는 것이 불가피하다. 내가 참을성을 기르는 수밖에 없다.

그러나 '돌림 노래'가 시작된다면 제어할 필요는 있다. 이때도 화를 내고 짜증을 내며 피하기보다는 적당히 마무리를 지어 보자. 엄마들은 보통 대안을 던지면 마무리가 된다.

"내일은 학원에 늦지 않게 갈게요."

"다음엔 수학 점수 좀 올려 볼게요."

이렇게 변화에 대한 다짐으로 '마무리 멘트'를 하면 엄마들의 하소연 같은 잔소리도 끝난다.

조언은 일단 접수

고민이 깊을 때 나보다 살아 온 시간이 많고, 나를 그래도 잘 알고 있는 부모님에게 도움을 요청하고 싶을 때가 있다. 하지만 그런 상황은 여러분에게 딜레마의 순간이기도 하다.

지금 여러분의 마음에서 가장 중요한 것은 부모로부터 독립하는 것이다. 어떻게든 내가 알아서 해 나가는 것을 증명해서 '이제는 나 혼자 할 수 있다'는 것을 나 스스로 확인하고 싶다. 그런데 부모에게 조언을 구한다는 것은 그것 자체로 내가 지금 미약한 존재라는 것을 인정하고, 한 수 접고 들어가는 꼴이 되어 버리는 것 같다. 영 내키지 않는다.

아쉬운 대로 친구에게 고민을 토로하게 되는데, 그 친구나 나나 경험치나 생각의 깊이에서 별로 차이가 없다. 꺼내 놓고 이야기하다 보면, 문제가 명확해지는 면은 있지만 뾰족한 해결책은 없다. 어쩔 수 없이 부모님에게 다가가서 이야기해야 할 순간이 온다.

그런 순간이 오면 도움을 청하는 것과, 조언을 따르는 것은 별개라고 생각하면 좋다. 이 둘을 나눠서 보면 마음이 살짝 편안해진다.

돈 드는 일도 아니니 일단 부모님의 의견을 들어 보자. 듣다 보면 내 생각과 일치하는 것도 있을 수 있고, 내가 생각 못 했던 뜻밖의 해법이 있을 수도 있다. 혹은 '역시 안 되는구나.'라고 확인하는 경우도 있을 것이다. 그렇다고 자존심 상할 필요는 없다. 부모님이 나보다 세상을 30년쯤 더 살았으니, 나보다 아는 게 많은 것은 당연한 일이다.

쓸 만한 조언 하나를 얻었다고 해서, 내가 부모님에게 '원격 조종'되는 존재가 되는 것은 아니다. 그런 걱정이 앞서서 실용적이고 타당한 조언인데도 마다할 필요는 없다. 우리는 '쿨'한 인간들 아닌가! 잔소리가 길어질 것이 걱정된다면, 처음부터 이렇게 말해도 좋다.

"내가 꼭 그 말대로 안 하더라도 신경 쓰지 마세요."

이런저런 의견을 들은 다음 시간을 두고 생각해 본 뒤 실행하면 된다. 마지막 결정은 내가 하는 것이고, 그 책임도 내가 지는 것이다. 여러분은 완전히 독립한 사람이 아니라, 아직 '독립하는 과정'에 있는 사람들이다. 그런 마음으로 소통의 폭을 넓히다 보면 나보다 나이 많은 어른과 대화하는 법, 관계 맺는 법을 터득해 나가는 '기특한 내 모습'을 발견할 수 있다.

6부

미래, 불안이라는
가능성을 붙잡아

꿈은 현실적이어야 할까?

제 꿈은
재벌 2세예요

   내가 초등학교를 다니던 시절, 담임 선생님이 설문지를 돌리면서 자기 꿈을 쓰라고 하신 적이 있다. 당시는 「로보트 태권V」라는 만화 영화가 대유행을 하던 때라 나는 자신 있게 '로봇 박사'라고 적었다. 나는 그래도 소박한 편이었다. 내 친구들은 장군, 대통령, 노벨상 수상자 같은 대단한 것부터 탐험가, 금메달리스트, 발명가 같은 꿈도 적었다.

   나는 그런 거창한 포부나 꿈이 일반적이고 자연스러운 것이라고 알고 자라났다. 정말 장군이나 대통령이 되지 않더라도 어릴 때 꿈은 클수록 좋은 것이라 생각했고, 나중에 의학을 공부하면서는 그런 생각을 뒷받침하는 이론도 얻었다.

그래서 나는 병원이나 학교에서 어린이나 청소년을 만나면 이런 질문을 던져 보곤 한다.

"넌 꿈이 뭐니? 세 가지만 이야기해 볼래?"

꿈을 들어 보면 아이들이 가장 소중하게 여기는 것이 무엇인지 짐작할 수 있다. 또 마음속에 숨겨 둔 갈등이나 두려움도 엿볼 수 있다. 이때는 꼭 거창한 포부를 묻는 것은 아니다. 당장 갖고 싶은 것일 수도 있고 가고 싶은 곳, 먹고 싶은 것, 또는 되고 싶은 바일 수도 있다. 그러면 초등학생이나 유치원생들은 장난감이나 반려동물, 최신 휴대폰을 갖고 싶다고 말하곤 한다. 더러 유럽 여행을 가고 싶다고 하는 아이들이나, 학원에 안 다녔으면 좋겠다고 말하는 아이들도 있다. 반면 중고등학생들은 그 나름 진지한 꿈을 이야기하기도 하고, 반대로 "아무도 없는 곳에서 혼자 살고 싶어요!" 하고 말하기도 한다.

그런데 최근 몇 년 사이에 의학 교과서에 나오는 사례와 전혀 다른 꿈을 많이 만났다.

"9급 공무원이 되고 싶어요."

"돈을 많이 벌고 싶어요. 나쁜 짓을 해서라도요."

무척 구체적이어서 놀랍기도 하고 때로는 민망한 마음도 든다. 또 돈에 대해 매우 예민해한다는 것, 안정된 직장에 대한 욕구가 크다는 것도 느꼈다. 굉장히 현실적이다. 어린 시절에는 가 보지 않은 길을 탐색해 보고 싶다는 욕망이 큰 법인데, 현실적인 문제에 대한 두려움이 이런 본능에 가까운 욕망을 가릴 정도인 것일까 싶기도 하다. 최근에 더욱 자주 듣는 꿈은 이것이다.

"건물주가 되어 월세 받으며 사는 게 꿈이에요."

역시 안정성과 금전적 풍요에 초점이 맞춰져 있다. 부모님의 하소연이 영향을 미친 것 같은데 내게 말한 것을 보면 친구들끼리도 흔하게 하는 이야기인 모양이다. 얼마 전에는 이런 기발한 꿈도 들었다.

"제 꿈은 재벌 2세인데요, 아버지가 노력을 하지 않아요."

듣고 나서 한참을 웃긴 했지만, 마냥 웃을 수만도 없는 꿈이다. 부모의 후광으로 안정적으로 살고 싶다는 마음이 엿보여서 그렇다. 게으르게 살고 싶어서 그런 것은 아닐 것이다. 부잣집에 태어난 '금수저', 가난한 집에 태어난 '흙수저' 같은 말이 유행어가 된 데서 엿보이듯, 요즘에는 부모님의 도움 없이 오로지 자신의 힘만으로 성공하는 것이 점점 힘들어지고 있다. 부자 부모를 만나지 않는 한 경제적, 사회적 성공은 힘들다고 여기는 마음을 그런 식으로 표현한 것 아닐까?

어른들은 요즘 아이들이 너무 일찍부터 현실적인 것만 찾는다, 돈을 밝힌다, 안정적인 직업만 바란다며 아쉬워하거나 대놓고 비판하기도 한다. 하지만 비판하기 전에 먼저 우리 사회의 현실을 보아야 한다.

개천에선 더 이상
용이 나지 않아

지금 부모들이 자라난 시대와 여러분이 앞으로 어른이 되어 만날 세상은 많이 다르다. 부모 세대에는 열심히 공부해서 좋은 대학에 들어가면 어렵지 않게 안정된 직장에 들어가거나, 꽤 괜찮은 직업을 얻을 수 있었다. 또 노력하면 자기 집을 스스로 장만할 수도 있었다. 우리 사회는 1970년대부터 1990년대 중반까지 아주 빨리 성장했고, 그 흐름을 타고 부모님들은 사회에 자리 잡을 수 있었다. 그런 성공의 기억이 있기에 여러분에게도 공부를 강조한다. 어른들은 공부를 통해 '개천에서 용이 나는 모습'을 많이 보았다. 예전에는 집안은 가난했지만 공부 하나는 잘한 덕분에 사회적으로 인정받게 된 사람이 많았다. 그런 면에서 공부는 비교적 공정한 게임이라고 생각했을 것이다.

하지만 지금 청소년들이 어른이 된 뒤에 살아갈 사회는 확실히 그때보다 녹록지 않다. 공부만 잘한다고 많은 것이 해결되지도 않는다.

우리 사회의 성장은 꼭짓점에 다다랐다. 더 이상 전처럼 급속히 성장하기 힘들다. 사회가 성장할 때에는 회사가 커지고 많아지니 일자리도 끊임없이 나타나고 새로운 기회도 늘어난다. 하지만 사회의 성장이 멈추거나 더뎌지면 그런 기회는 줄어들 수밖에 없다. 여러분도 아마 정확히 설명하지는 못하더라도 그런 사회적 변화를 느끼고 있을 것이다.

지금 대학생 언니 오빠들의 모습을 보면, 불안이 더욱 커질지도 모르겠다. 어렵사리 좋은 대학에 들어가도 끝이 아니다. 이른바 '스펙'(직장을 구할 때 필요한 학점, 자격증 등을 통틀어 일컫는 속어.)을 쌓고, 시험 준비를 하느라 '캠퍼스의 낭만'은 온데간데없다. 아빠나 엄마가 대학교 때 '미팅'하던 얘기, 무전여행을 다니던 얘기는 세상 좋던 시절의 영화 같다. 요즘엔 토익, 학점, 자격증, 어학연수까지 열심히 준비해도, 대기업이나 공기업에 들어가기란 하늘의 별 따기다.

그런 모습을 보면 공부는 해서 뭐할까 하는 의문이 들고, 희망이나 꿈을 갖는 게 사치스러운 일이라는 생각이 들 수 있다. 그래서 현실적인 목표만을 앙상하게 남겨 두는 아이들이 점점 많아진다.

너무 빨리
어른이 되지 않기

현실적인 꿈이 꼭 나쁘지는 않다. 그렇지만 조금 아쉽기는 하다. 그런 꿈은 어른이 되면 언제든지 가질 수 있고, 또 어른이라면 어느 정도는 현실적일 수밖에 없기 때문이다.

정확한 통계가 있는 것은 아니지만 경험에 비추어 볼 때 꿈은 커지기보다 점점 작아지는 경향이 있다. 나이가 들수록 작아지면서 하향 평준화된다. 그러니 처음에는 다소 현실적이지 않더라도 좀 더 높고 크고 허황된 꿈을 갖는 편이 낫다. 어차피 천천히 땅으로 내려와야 한다면 최대한 높은 곳에서 시작하는 것이 좋지 않을까? 더욱이 어릴 때, 혹은 십 대까지는 현실과 환상의 경계가 아직 선명하지 않다. 그래서 논리적으로 말이 안 되는, 엉뚱하고 혁신적인 꿈을 갖는 것도 가능하다.

나이가 들어 세상에 대해 많이 알게 될수록 희망과 목표는 외려 작아진다. 내 보폭이 작아지기 때문이다. 물론 그 덕분에 먹고사는 것에 대한 현실적인 고민은 좀 더 빨리 해결할 수 있다. 하지만 뭔가 새로운 것, 나만의 것, 혁신적인 것을 이루어 냈다는 짜릿함을 경험할 기회는 줄어든다. 그래서 어른들이 "너무 빨리 세상을 알려고 하지 마라." "너무 빨리 어른이 되려고 하지 마라." 하고 충고하는 것이다.

높은 곳에서 내려다볼 때 좋은 점은 여러 곳을 멀리, 넓게 볼 수 있다는 것이다. 꿈을 높고 크게 갖는 것의 장점도 거기 있다. 일단 큰 꿈을 품고 노력하다 보면 의외의 방향으로 인생이 풀리기도 한다.

세상을 혁신하는 이들은 대개 어른이 된 다음에도 여전히 무모해 보이는 꿈을 꾸고, 그것을 실현하려고 노력하는 사람들이다. 자

동차 회사 테슬라의 대표 일론 머스크를 보자. 그는 참 엉뚱한 사람이다. 2008년에는 미국의 많은 자동차 회사가 아직 멀었다고 여기던, 배터리로 가는 전기 자동차를 만들어 냈다. 그 이후 테슬라는 전기 차의 대명사가 되었다. 다른 자동차 회사에 비해 테슬라는 규모가 작은 편이지만 전체 산업의 판도를 뒤흔들고 있다.

큰 꿈을 하나 이루었으니, 이제 머스크는 완전히 현실로 내려왔을까? 그렇지 않다. 머스크는 그 전부터 더욱 황당한 꿈 하나를 추진하고 있었다. 민간 우주선 회사 '스페이스X'를 만들어 화성으로 인간을 이주시키겠다는 꿈이다. 에스에프 소설에 나오던 이야기를 현실에서 구현하려 한다. 나는 모르긴 몰라도, 일론 머스크의 원래 꿈은 전기 자동차나 화성 이주보다 더 크고 황당한 것이었으리라 짐작한다.

『톰 소여의 모험』이라는 모험 소설로 유명한 작가 마크 트웨인은 한 강연에서 이런 말을 한 적이 있다.

"지금부터 20년 뒤 여러분은 잘못하고 후회할 일보다 하지 않아서 후회하는 일이 더 많을 겁니다. 그러니 밧줄을 던져 버리십시오. 안전한 항구에서 벗어나 멀리 항해하십시오. 무역풍을 타고 나가십시오. 탐험합시다. 꿈을 꿉시다. 발견합시다."

하지 않고 후회하는 것이, 하고 후회하는 것보다 훨씬 아프다. 현실적인 태도를 갖는 것은 무척 중요한 어른 됨의 기준이지만, 너무 빨리 어른이 되어 버리면 삶이 풍요로워질 기회를 잃을 수 있다. 안전한 항구에서 벗어나 멀리 가 보는 용기나 무모한 배짱은 내 인생을 채워 주고, 이따금 이 사회에 큰 혁신을 가져온다.

게다가 앞으로는 나만의 희망이나 꿈을 갖는 것이 더욱 절실해질 것이다. 공부만 잘한다고 되는 시대가 아니라서 그렇다. 공부를 해서 뭐하나 하는 의문이 들수록 뭔가 재미있는 것을 열심히 찾아봐야 한다. 그러니 희망이나 꿈을 갖는 게 사치스럽다는 말에 나는 동의하지 않는다.

그리고 쉽지 않은 사회의 현실에 화부터 난다는 사람들에게는 프로이트의 말을 전해 주고 싶다. 20세기의 위대한 정신 분석학자인 프로이트는 야망이나 포부를 갖는 것은 한 사람의 공격성을 좋은 방향으로 표현하는 방법이라고 말했다. 억울하고 분하고, 화가 나는 마음을 무엇을 파괴하거나 누구에게 복수함으로써 해소하는 것이 아니라 야망이나 포부를 통해 풀어내는 것이다. 나는 왜 이런 시대에, 이런 세상에 태어났느냐며 분개하기보다는, 그런 화를 야망이나 포부에 담아 긍정적인 에너지로 바꾸어 보면 어떨까? 다른 무엇보다 내 인생을 위해서!

2
인생은 변수로 가득한데

인생은 우연의 연속

나는 ○○초등학교를 나와서

국제 중학교를 나와서 민사고를 나와서

하버드대를 갈 거다

그래 그래서 나는

내가 하고 싶은

정말 하고 싶은 미용사가 될 거다

「여덟 살의 꿈」이라는 동시이다. 부산의 한 초등학생이 썼는데
이후 노래로도 만들어졌다고 한다. 이 시가 한동안 화제가 되었다.
어린이의 눈에 비친 세상의 모습에 가슴이 뜨끔하다. 꿈의 방향도

생각지 않고 무작정 정해진 성공 코스로 달려가는 사람의 무모함이 유머러스하게 드러나 있다.

많은 사람이 인생의 성공에는 정해진 코스가 있다고 생각한다. 그래서 불필요한 '스펙'을 너무 많이 쌓느라 아까운 시간을 흘려보낸다. 끝까지 가 보고 나서야 '이건 내가 원래 하려던 일이 아니야.'라며 뒤늦게 알아차리고 후회한다.

나중에라도 원하는 일을 찾으면 다행이지만, 그보다 많은 사람들은 끝까지 가지 못하고 중간에 이탈하고 만다. 어떤 이유로든 내가 알고 있던 코스에서 벗어났을 때, 우리는 무엇을 할 수 있을까?

이런 고민에 생각의 실마리를 주는 만화책이 있다. 마츠다 나오코의 『중쇄를 찍자』라는 만화에는 쿠로사와 코코로라는 전직 유도 선수가 주인공으로 등장한다. 코코로는 일생 금메달만 바라보며 살아 왔지만 부상을 입으면서 목표를 잃고 말았다. 그래서 평소 좋아하던 만화책을 만드는 일로 진로를 바꾸기로 했다. 이 만화에는 코코로가 출판사에 취직한 뒤에 벌어지는 에피소드들이 한가득 펼쳐진다.

여러분이 만약 코코로라면 어떤 기분일까? 유도 선수로 10여 년을 살았고 올림픽이 눈앞에 있었다. 그런데 한순간 부상으로 금메달은커녕 선수 생활조차 중단해야 한다. 보통 사람이라면 부상을 입은 상황을 곱씹고, 세상을 원망하고, 자신의 불행을 저주할 것이다. 운동만 하던 사람이라 세상에 대해 아는 것이 적고, 체육대학을 나온 터라 취업도 쉽지 않으니 좌절의 나날을 보내다 자칫 폐인이 되기 쉬운 상황이다.

하지만 코코로는 폐인이 되는 대신, 유도 다음으로 좋아하는 것이 무엇인지 찾아본다. 그렇게 만화책 출판사 직원으로 완전히 진로를 바꿨지만, 그동안 해 온 운동도 아주 쓸모가 없는 것은 아니었다. 엄청난 근성과 체력, 지고 난 다음에도 포기하지 않는 태도, 협동과 응원의 힘을 믿는 자세는 의외로 출판사와 만화가들에게 새로운 자극을 주었다.

이 만화를 보면서 나는 코코로의 씩씩한 태도가 참 좋았다. 처음부터 목표를 정확히 정해 놓고 거기까지 일직선으로 자를 대고 줄을 그은 다음, 그 길로만 쉼 없이 달려갈 수 있는 사람이 몇 명이나 될까? 인생은 변수로 가득 차 있다. 내가 생각한 길로 가지 못할 수 있고, 막상 가 보면 꿈꾸던 것과 달라 실망스러울 수도 있다. 돌아가거나 멈춰 서야 하는 날도 있다. 그럴 때 좌절하거나 세상을 원망하면서 그냥 거기 그대로 있을 이유는 없다. 그런 게 원래 인생이기 때문이다. 또 빙 돌아간다고 해도 그 과정에서 경험한 것들이 내 인생의 다음 과정에 도움을 준다.

인생은 목적 없는 여행과 같아서 누가 먼저 가나, 누가 더 효율적으로 가나 하는 경쟁을 할 필요가 없다. 기차를 타고 가다가 '여기서 한번 내려 볼까?'라는 마음이 들면 훌쩍 내려서 둘러보기도 하고, 또 기차가 고장으로 멈춰 섰다면 그것도 여행의 일부로 여기고 그 안에서 의미를 찾아갈 줄 아는 마음이 필요하다. 너무 겁먹지도 말고, 탄탄대로라고 자만하지도 말자. 인생은 긴 길을 가는 여행이다. 예상 밖의 일들이 벌어진다. 우연의 연속이 인생이다. 그런 마음가짐이 있어야 내게 벌어진 사건들이 나를 망쳤다고, 완벽한 계획을 깨트렸다고 여기는 대신 일어날 수 있는 일이자 새로운 기회라고 받아들일 수 있다.

그 많던 경리는
다 어디로 갔을까?

2016년에 인공 지능 바둑 프로그램인 알파고가 이세돌 9단을 바둑으로 이기는 장면을 모두 보았을 것이다. 설마 했던 일이 눈앞에서 펼쳐지자, 나는 생각보다 미래가 가까이 다가왔다는 것을 느낄 수 있었다. 흔히 4차 산업 혁명이라고 일컫는 미래다.

인공 지능이 본격적으로 도입된다면, 지금까지 그렸던 미래의 꿈과 삶에 대한 그림은 백지에서부터 다시 시작해야 할지도 모른다. 수많은 직업이 사라질 것이고, 또 새로운 직업이 만들어질 것이다.

무엇도 정확히 예측할 수 없지만 분명한 것은 '공부만 하던 사람이 좋은 대학을 나와 안정된 직장을 갖는' 그림은 더 이상 그릴 수 없다는 것이다. 앞으로 10년 후쯤까지는 통할지 모르겠지만 여러분이 살아갈 세상은 그보다 훨씬 길다.

지금 할아버지들이 회사를 다니던 1970년대에는 큰 회사의 한 층을 통째로 경리부가 차지했다. 주산과 부기를 배운 사원들이 채용되어 많은 일을 했다. 월급은 현금으로 봉투에 동전까지 담아 지급되었다. 그래서 '월급봉투'라는 단어도 있었다. 40년이 지난 지금은 어떤가? 모든 것이 전산 처리되고, 월급도 은행 계좌로 입금되니, 몇천 명이 근무하는 회사에서도 경리나 회계 업무는 아주 적은 수의 직원이 처리한다. 70년대에는 안정적인 직군이었던 경리부가 대폭 축소된 것이다.

지금도 비슷한 일은 계속 일어나고 있다. 미국의 인터넷 서점 아마존은 얼마 전 계산대가 없는 마트인 아마존고Amazon Go라는 상점을 열었다. 이 상점에는 계산을 하는 사람이 없다. 모든 것이 자동화되어 있다. 만일 아마존고가 일반화된다면? 마트 계산원인 캐셔cashier들이 사라질지도 모른다. 2015년 기준으로 미국에는 캐셔가 350만 명 정도 있다. 미국에서 두 번째로 많은 사람이 일하는 직업인데 그런 일자리가 사라지는 것이다.

그러니 조금 더 너른 시야로 미래를 구상할 필요가 있다. 인공지능과 경쟁하지 않아도 되는 일은 무엇일까? 많은 미래학자는 사람이 몸으로 하는 일, 인간과 인간이 관계 맺지 않으면 진행되지 않는 일이야말로 경쟁력을 갖춘 일이라고 말한다. 그런 일이 뭐가 있을까? 고전적이지만 간호사, 농부, 목수, 건축가 같은 직업이 떠오른다. 어쩌면 아직 세상에 없는 직업이 훨씬 많을지도 모르겠다.

직장의 이름이 아니라 일의 이름을 생각해 보는 것은 어떨까? 수많은 직업이 사라지고, 또 수많은 직업의 이름이 바뀔 테니 아예 새로운 이름을 지어 보는 것도 좋다.

장인정신으로 한 가지 일에 평생을 바치는 것도 좋지만, 여러 가지 일을 해 보아도 좋다. 앞으로는 평균 수명이 길어지고, 사회의 변화 속도도 빨라져서 한 사람이 여러 직업을 경험하는 일이 더욱 흔해질 것이다. 한 가지 일을 하다 다른 일로 갈아타도 좋고, 여러 일을 동시에 시도해 보아도 좋겠다. 한 직업 안에 머무는 정착민이 아닌, 주도적 노마드(유목민을 뜻하는 말로, 정해진 법칙에 구애받지 않고 자유롭게 살아가는 사람을 일컫는다.)로 살아갈 계획을 세워 보자.

생각할 것이 너무나 많아졌다. '정체성'을 탐구하는 것은 모든 시대 청소년의 과제라지만, 요즘 청소년들은 정체성을 더욱 열심

미래에 없어질 직업?

2013년 영국 옥스퍼드 대학의 프라이와 오스본이라는 학자가 진행한 미래 직업 예측에 따르면 20년 안에 사라질 확률이 99%인 직업은 텔레마케터, 94%인 직업은 회계사나 감사, 92%인 직업은 소매 판매인이다. 흥미로운 것은 89%인 직업이 기술 작가라는 것이다. 기계적 매뉴얼 작성은 인공 지능이 더 잘하리라 본 것이다. 반면 운동 트레이너는 7%, 치과의사 0.4%, 작업 치료사는 0.3%로 사라질 확률이 매우 낮았다. 기계나 자동화로 대체할 수 없는 직업이어서 그렇다.

히 탐구해야 한다. 여러분이 지금 부모님의 나이가 되었을 때에는 가족의 구성도, 일의 개념도 많이 달라질 것이다. 그 어느 것도 확실하지 않다는 건 불안한 일이지만 동시에 모든 가능성이 열려 있다는 뜻이기도 하다.

미래는 생각보다 빨리 온다. 시간이 느릿느릿 가는 것 같지만, 어느새 성인이 되어서 일을 선택해야 하는 순간을 맞게 된다. 나는 무슨 일을 하며 어떻게 살고 있을까?

Q&A

하지현 선생님의
일대일
맞춤 상담실

Q 요즘 기분이 아주 우울해요.

갑자기 눈물이 났다가, 또 갑자기 짜증이 막 올라와요. 세상에 나를 알아주는 사람은 아무도 없는 것 같아서 자꾸 슬퍼져요. 수업 시간에도 집중이 잘 안 돼요. 책을 펴면 글자들이 다 날아다니는 것만 같아요. 그래서 학교에서도 집에서도 그냥 멍하니 있게 돼요. 저 우울증에 걸린 걸까요?

그냥 좀 우울한 것과 우울증은 달라요. **A**

지금 십 대 청소년들을 기분이 좋은 사람과 우울한 사람으로 나누어 본다면 어느 쪽이 더 많을까요? 아마 우울한 쪽이 훨씬 많을 겁니다. 모두들 공부, 앞날, 친구 문제 등으로 기분이 우울해질 일, 예민해질 일이 한가득하죠. 그러니 기분이 축 가라앉더라도, 나에게 큰 문제가 있는 것은 아닌지 지레 겁먹지는 마세요. 조금 쉬는 것만으로도 기분이 나아지니, 필요하다면 하루쯤 빈둥대며 쉬어 보세요.

물론 그냥 우울한 기분이 드는 정도가 아니라 병으로서의 우울증을 앓는 친구도 있을 거예요. 우울증은 어떤 병일까요? 흔히 우울증을 '마음의 감기'라고 합니다. 그런데 이 마음의 감기는 알아채기가 쉽지 않아요. 그냥 감기는 열이 나고 콧물과 기침이 나오면 바로 감기인가 보다 하고 알 수 있지만, 우울증의 경우에는 눈에 띄는 증세가 없다 보니 초기에 알기가 쉽지 않지요.

내가 우울증인지 아닌지 알고 싶다면, 생리적 변화가 생겼는지를 살펴보세요. 우울증에 걸리면 먹고 자는 일상의 리듬이 깨져요. 식욕이 너무 떨어지거나 반대로 커지기도 하고, 잠을 못 자기도 하지요. 자려고 누워도 잠이 안 오고, 겨우 잠에 들어도 한두 시간 만에 깨어나서 뒤척이는 것을 반복합니다. 집중력도 떨어져서 수업 시간에 뭘 들었는지 기억이 안 나고, 에너지가 떨어져서 무엇 하나 재미가 없고 하고 싶지도 않지요. 그러니 부정적인 감정과 생각이 머릿속에 가득 차서 모든 게 다 내 탓 같고, 앞으로도 이런 일만 벌어질 것 같고, 나는 재수 없는 존재라는 생각만 들지요. 이런 상태가 최소 두 주 이상 지속되고 좋아지지 않으면 그때는 병원에 가 봐야 해요. 그건 '병으로서의 우울증'일 가능성이 높지요.

그럴 때에는 마냥 쉰다고 좋아지지 않아요. 흔히 의지로 극복하라고 쉽게 말하는데 의지로만 낫는 것은 아니에요. 병원을 찾아가서 진

단을 받고 필요한 검사를 하고, 적극적인 약물 치료와 상담을 병행해
야 합니다.

우울증의 좋은 점은 치료를 잘 받기만 하면 대체로 곧 좋아진다는
거예요. 한번 우울증에 걸린다고 해서 평생 그 안에 갇혀서 사는 것은
아닙니다. 무서워하지 마세요. 치료가 필요할 때에는 치료에 임하는
것도 지혜입니다.

식욕 때문에 미칠 것 같아요.

제 친구 중에는 아무리 먹어도 살이 안 찌는 '축복'을 받고 태어난
애들이 많은데 전 완전히 반대예요. 전 왜 물만 먹어도 살로 가는 거
죠? 평생 다이어트만 한 것 같은데 별로 소용이 없어요. 식욕은 날로
늘어 가는데요! 저 자신이 너무 싫어요. 이러다 거식증 같은 병에 걸
리면 어쩌죠?

문제는 식욕이 아니라 자존감이에요!

아이돌 멤버들을 실제로 본 적이 있나요? 저는 봤어요. 어찌나 말
랐는지 불쌍해 보일 정도였습니다. 그런데 요즘에는 그 정도는 되어
야 날씬하다고 하지요. 신체에 대한 이미지가 무척 왜곡되어 있어요.

이런 아이돌을 계속 보다 보면, 세상의 모든 거울이 마치 놀이공원
에 있는 '요술 거울'처럼 느껴질 수 있어요. '요술 거울' 앞에 서면 내

모습이 옆으로 늘어져 보이잖아요. 그런데 화장실의 보통 거울 앞에 서서도, 내 모습을 그렇게 늘어서 보는 거예요. 표준 중의 표준인 몸을 두고, 혹시 그렇게 바라보고 있는 건 아닐까요?

요즘 우리나라에서는 식욕이나 먹는 양을 조절하지 못하는 것을 병이라 부르는 경향이 있는데, 그게 어떻게 병이겠어요? 배고픔을 느꼈을 때 맛있는 음식을 양껏 먹는 것은 인간의 본능이자 행복이지요. 식욕은 내가 살아 있는 인간이라는 증거랍니다. 특히 한창 성장기에 있을 때는 식욕이 더욱 왕성해지는 게 당연하지요.

문제는 식욕이 아니라 자존감이에요. 몸무게에 지나치게 신경을 쓰는 나머지, 몸무게가 내 자존감의 척도가 되어 버리면 곤란해요. 체중이 줄면 기분이 좋아지고, 체중이 0.1kg이라도 늘면 바로 기분이 가라앉는다면 문제가 있지요. 그게 심해지면 정말 거식증 같은 병에 걸릴 수도 있어요. 위험할 정도로 체중이 급격히 줄어들거나, 석 달 이상 생리가 멈추거나, 조금만 먹고 나면 바로 토하고 싶고, 실제로 토하는 행동을 반복하면 그때에는 병원을 찾아가야 합니다. 의사의 진단이 필요해요.

이런 병이 되지 않도록 평소에 몸무게에 대한 스트레스를 줄여 보세요. 가장 좋은 건 자존감을 올릴 다른 방법을 찾는 거예요. 날씬한 몸매 말고도, 내 자존감을 높여 주는 것은 많으니까요.

Q 자꾸 죽고 싶다는 생각이 들어요.

계속 살아야 할 이유를 못 찾겠어요. 저번에는 수업 시간에 나도 모르게 노트에 **자살**이라고 낙서를 했어요. 갑자기 저도 제가 무서워져서 지우개로 막 지웠지만요. 이러다 정말 큰일 날까 봐 겁이 나요. 살기는 싫고 막상 죽으려니 겁나고, 막다른 골목에 있는 것 같아요.

A 처음 30분이 지루하다고, 영화를 끝까지 안 볼 건가요?

모든 생명체는 생명을 보존하고 생존하는 것을 가장 중요한 목표로 삼습니다. 그런데 인간만은 달라요. 유일하게 자신의 의지로 삶을 '마감'하는 것을 선택하고 행동으로 옮기는 존재지요. 그만큼 인간의 뇌와 정신세계의 발달 수준이 높은 것인지도 몰라요. 물론 자기 손으로 삶을 그만둬야겠다는 결심을 하는 것은 결코 쉽지 않지요.

자살에 대한 생각을 한 번 해 본 사람은 생각보다 많아요. 그러니 어쩌다 한 번 그런 생각이 들었다고 해서 '나 뭔가 크게 잘못된 건가?' 하고 겁먹을 필요는 없어요. 그 생각에 사로잡히고 구체적인 결심을 하고 장소나 방법을 확실히 하는 단계까지 가지 않고, 그 전에 일상으로 돌아온다면 크게 걱정하지 않아도 됩니다.

물론 자살을 진지하게 생각하는 친구들도 간혹 있을 거예요. 의학 연구에 따르면, 십 대의 자살은 충동적이고 즉흥적이라는 특징이 있어요. 그리고 시험, 친구와의 갈등 같은 일상적인 스트레스가 촉발하지요. 그래서 주변 사람들이 예측하기가 더욱 어려워요. 주변에 눈치 채는 사람이 드무니 말릴 사람도 없고, 그래서 마음을 되돌릴 기회를 놓치기 쉬우니 정말 안타깝지요.

중요한 건 힘든 일이 있다고 해서, 더 살아 봐도 별 의미가 없을 거라고 섣불리 판단하지 않는 것이에요. 이렇게 비유해 보면 어떨까요? 인생은 영화와 같아요. 처음 30분이 지루하고 재미없다고, 보다 말고 극장을 나온다면? 정작 영화는 그다음부터 속도가 붙고 흥미진진해져서 1시간 30분 즈음에 클라이맥스에 이르는데, 그런 결정적인 장면을 놓치는 거잖아요? 지금 당장은 삶이 버겁더라도 '조금만 참고 더 가 보자, 이제부터 재미있어질 가능성이 아주 높다.' 이렇게 생각해 봐요.

Q 수능 때 실수할까 봐 벌써부터 걱정돼요.

괜한 걱정이 아니라 정말로 지난 시험에서 마킹을 잘못하는 바람에 수학을 망쳤어요. 그 뒤로는 대학에 못 갈까 겁이 나고, 시험 때만 되면 악몽을 꿔요. 문제를 풀 때도 걱정돼서 시간이 두세 배로 걸리고요. 불안이 심할 때는 심장이 두근거리는 소리가 들릴 정도예요!

삶에는 수업료가 있답니다.

이 세상에 실수를 한 번도 하지 않은 사람은 없어요. 그러니 한 번 실수를 했다고 너무 자책할 필요는 없습니다. 그런 실수를 저는 삶의 수업료라고 불러요. 사람이라면 누구나 치러야 하는 비용 같은 것이지요. 그러니 한 번의 실수에 하늘이 무너질 것처럼 낙담하며 앞으로도 같은 실수를 반복할 것이라고 굳게 믿을 필요는 없어요. 그저 다음에 같은 실수를 반복하지 않으면 되는 겁니다.

물론 같은 실수를 반복하면서 매번 다른 핑계를 댄다면 그건 실수가 아니라 그 사람의 본디 실력일 뿐입니다. 그렇지 않고 정말 한 번의 실수라면, 그 정도는 괜찮아요.

마킹 실수를 또 반복하지 않는 것은 쉬워요. 미리 겁먹지 말고, 시험 시간이 끝나기 전에 한 번만 더 꼼꼼히 확인해 보는 거예요. 여유를 가지고 딱 한 번만 해 봐요. 그것으로 충분합니다.

이전의 한 번의 실수와, 이번의 한 번의 성공은 똑같은 한 번입니다. 우리는 흔히 단 한 번의 실수가, 잘해 왔던 것 백 번을 다 무너뜨릴 정도로 강력하다고 여기지만, 그렇지 않아요. 생각해 보면 모두 똑같은 한 번일 뿐이지요. 그렇게 생각하면 불안은 저 멀리 가 버릴 겁니다.

🅠 너무 깔끔한 건도 병인가요?

저는 교실 문도 꼭 소매로 손을 감싼 다음에 열거든요? 손이 닿으면 물티슈로 닦고요. 그냥 좀 위생적으로 살려고 하는 건데 친구들이 저보고 유별나대요. 사실 친구가 제 물건을 만지거나 과자를 나눠 먹으려 하면 어쩐지 더럽게 느껴지긴 해요. 친구들이 **강박 장애** 아니냐며 막 놀려요. 진짜 제가 이상한가요?

너무 더러운 친구보다는 훨씬 나아요.

남이 내 물건을 만지면 더러워진 것 같아서 아예 그 물건을 버리는 사람들이 있어요. 반대로 10년 동안 써서 낡디낡은 물건조차 아까워서 버리지 못하는 사람도 있지요. 또 외출한 직후에 혹시 창문을 열어놓고 나온 건 아닌지 걱정되어서 다시 엘리베이터를 타고 집으로 되돌아가는 사람도 있지요. 이런 사람들은 모두 심각한 강박증을 앓고 있는 걸까요?

아닙니다. 누구나 갖고 있는 걱정과 염려예요. 그런 염려 때문에 청결, 수집, 확인, 정돈에 대한 습관이 생기지요. 아무것도 염려가 안 된다면 어떤 일이 벌어질까요? 모든 것이 엉클어지고, 집 안은 난장판이 되어서 낭패를 당하겠죠? 즉 위험할 수 있는 상황을 방지하기 위해서 우리는 누구나 다소 강박적인 측면을 갖게 됩니다.

특히 십 대 시절에는 평균보다 좀 더 강박적인 측면이 강해지는 것이 정상이에요. 삶의 반경이 넓어지면서 집보다 바깥 생활의 비중이 커지고, 미래에 대한 걱정을 하기 시작하면서 긴장할 일이 훨씬 많아지기 때문이죠. 그런 불안과 긴장을 통제하기 위해서 정리하고 확인하고 청소하는 겁니다.

다만 그 수준이 지나쳐서 일상생활을 하는 데 어려움을 겪는 정도가 되고, 스스로 생각하기에도 이렇게까지 하지 않아도 되는데 싶지만 하지 않으면 도저히 참을 수 없는 수준이 되면 그때는 '강박증'이라고 부를 수 있습니다. 치료의 대상이 되지요. 그 전까지는 있을 수 있는 정도의 깔끔함, 정돈하는 습관, 실수하지 않으려는 확인 습관일 뿐입니다.

교실에서 보면 물건을 어디 뒀는지 몰라 매번 헤매고, 책상엔 쓰레기가 가득한 친구들이 많지 않나요? 살짝 강박적인 사람은 그들보다 조금 낫다고도 할 수 있어요!

Q 엘리베이터를 타면 숨이 막혀요.

저는 학교에서 화장실에 잘 못 가요. 꽉 막힌 곳에 혼자 있으면 무섭고 숨이 막히거든요. 어릴 때부터 조금씩 그랬는데 크면 나아질 줄 알았더니 그 반대예요. 점점 심해져서 이제는 엘리베이터도 못 타겠고, 칸막이가 있는 독서실도 못 가겠어요. 이런 게 **폐소 공포증**일까요? 이러다 나중에 사회생활도 제대로 못하게 되면 어쩌죠?

내 몸의 센서를 이해해 봐요.

좁은 화장실, 엘리베이터, 칸막이 있는 독서실에 들어가면 숨이 막히는 것 같고 답답해서, 어떻게든 벗어나고 싶다는 마음만 드나요? 이를 '폐소 공포 증상'이라고 합니다. 이런 증상이 있으면 비행기를 타는 것, 엠아르아이를 찍는 것도 힘들어해요. 왜 그런 증상이 나타나는 것일까요? 그 이유를 알려면 아주 오래전 우리 인간이 원시인이었을 때로 거슬러 올라가 봐야 합니다.

원시인들은 맹수들의 습격을 피해서, 또 급작스러운 비나 눈, 추위를 피해서 동굴에 들어가서 살았습니다. 만일 이때 산사태가 나서 동굴 입구가 막히거나, 산불이 나서 동굴이 연기로 가득 찬다면 매우 위험해지겠죠? 그 안에 갇혀서 목숨을 잃을 수 있으니까요. 동굴에 살던 원시인들 중 불이나 산사태를 일찍 알아차릴 수 있는 사람은 연기를 잘 맡거나, 산소가 모자란 것을 예민하게 감지하는 사람일 겁니다.

그래서 인류는 인체의 '위험 센서'가 민감하게 작동하는 방향으로 진화해 왔어요. 지금 우리는 그 원시인의 후손이지요. 현대 사회는 그때보다 안전한데도 우리 뇌 안에는 여전히 이 위험 센서가 장착되어 있습니다.

그런데 사람에 따라서 이 센서가 아주 민감하게 작동하는 경우가 있어요. 화장실이나 좁은 독서실에 들어섰을 때 답답해지는 것을 산사태가 난 것으로, 증기로 가득한 목욕탕이나 겨울철 만원 지하철에 들어갔을 때 답답해지는 것을 불이 난 것으로 오해하는 겁니다. 센서가 오작동하는 것이지요.

센서가 시도 때도 없이 작동하는 사람들은 점점 피하는 곳이 많아지고, 두려워할 일도 많아집니다. 원시인의 생존 장치가 현대인의 일상생활을 불편하게 하는 것이지요. 참 신기하지요?

증상을 해결하려면 먼저 이런 메커니즘을 이해해야 해요. '내가 지나치게 위험하게 생각하는구나.'라고 여기면서 내 몸의 반응과 뇌의 공포 반응 사이의 단단한 끈을 느슨하게 풀어 줘야 합니다. 머릿속으로 시뮬레이션을 해 보는 것도 좋아요. 좁은 곳에 들어갈 때는 급하게 가지 말고 천천히 숨을 쉬면서 들어가 보세요. 그리고 내가 상상했던 것보다 답답함이 조금이라도 줄어들었는지 느껴 보세요. 그런 연습을 계속하면 차츰 안심이 됩니다. 처음에는 친한 친구나, 가족과 함께 해 보는 것도 좋아요. 둘이 있으면 의지도 되고 안심도 되니까요. 조금씩 갈 수 있는 곳을 늘려 가다 보면 어느새 좁은 곳도 약간 답답한 대로 견딜 만해질 겁니다.

Q 담배를 끊고 싶어요.

처음 담배를 피운 지 벌써 몇 년이 지났어요. 점점 늘어나서 이제는 쉬는 시간마다 피우고 있어요. 너무 심한 것 같아서 줄여야지 결심도 해 보지만 그래 봤자 며칠 지나면 더 몰아서 피우게 돼요. 담배를 피우고 싶다는 갈증이 생기는 게 너무 귀찮은데, 피할 수가 없어요. 이렇게 **중독**된 저 스스로가 한심해질 지경이에요.

자기 의지를 너무 믿지 마세요. A

담배와 술은 언제부터 해도 될까요? 마약과 같이 법으로 금지된 물질은 아니지만 법적으로, 그리고 사회 통념상 성인이 되기 전까지는 금지되어 있지요. 하지만 현실적으로는 담배와 술을 경험한 청소년들이 적지 않을 겁니다. 하지 말라는 것은 더 하고 싶은 십 대 특유의 심리 때문이기도 하고, 친구들 사이의 집단 압력 때문이기도 하지요. 흡연을 시작한 청소년의 50% 정도가 친구, 선후배 등 주변의 영향에 의해 시작했다고 합니다. 아무래도 친구들이 담배를 피우면 같이 어울리면서 따라 피우게 되지요. 모두가 아무렇지 않게 피우는 분위기가 형성되면, 담배에 대한 경계심도 낮아지고요.

문제는 담배와 술 모두 중독성이 있다는 것입니다. 담배의 니코틴과 술의 알코올은 뇌에 작용해서 내성을 만들고, 금단 증상을 일으킵니다. 내성이 생기면 같은 효과를 내기 위해서 점점 더 많은 양을 원하게 되지요. 또 복용하다가 끊으면 뇌에서 그 물질을 원해서 생리적, 심리적 금단 증상이 발생합니다. 그래서 호기심에 한두 번 피웠다가, 끊으려 해도 끊을 수 없는 중독에 빠지는 것이지요.

특히 청소년기에는 한번 중독성 물질에 빠지면 쉽게 헤어 나오기 어렵습니다. 어른에 비해 중독성 물질에 대한 보상 욕구가 훨씬 강하거든요. 의학 용어로 말하면, 흥분성 신경 전달 물질인 글루타메이트 시스템은 과잉 발달되는 반면, 억제를 담당하는 가바 GABA 는 덜 발달해서 그렇습니다.

그러니 담배에 심하게 중독되었다면 자기 의지로만 끊는 것은 쉽지 않습니다. 그게 중독 물질들의 특징이니까요. 담배를 끊겠다고 결심했다면 좀 더 적극적으로 움직여 보세요. 부모님이나 선생님에게 솔직하게 이야기해서 도움을 청하고, 금연 학교나 클리닉에 다니는 것도 좋습니다.

Q 동성을 좋아하는 건 같아요.

고등학교에 오면서 남자 넷이서 유독 친해졌는데, 이 친구들에게 특별한 감정이 느껴져요. 이 감정의 정체가 뭔지 가끔 혼란스러워요. 혹시 저는 **동성애자**인 걸까요? 몸에 문제가 있는 건 아닌지 걱정돼요.

동성애면 어때요?

청소년기에는 일시적으로 동성애적 경향을 경험하기도 합니다. 친구 관계가 어느 때보다도 중요한 시기다 보니 동성 친구와 매우 가까워지는데 이때 경험하는 친밀한 감정인 '우정'을, 역시 비슷한 시기에 처음 경험하게 되는 '사랑'과 혼동할 수 있어요. 그러니 동성 친구를 좋아하는 마음이 크게 든다고 해서, 그것이 반드시 "나는 동성애자이다."라는 의미는 아니에요.

물론 동성애자로 처음 자각을 하는 때도 대부분 이 시기입니다. 우리나라는 정확한 통계가 없지만, 미국의 경우 전체 인구의 2~4%가 동성애자라고 알려져 있어요. 아주 적은 수는 아니지요? 그런 친구들을 위해 우선 몇 가지 퀴즈를 내 볼게요. 다음 문장을 보고 맞는지 틀리는지 ○와 ×를 마음속으로 표시해 보세요.

- 동성애는 정신 질환이고 고칠 수 있다.
- 동성애자는 하느님의 실수로 잘못 태어난 것이다.
- 동성애는 전염되므로 예방하려면 동성애자를 멀리해야 한다.
- 동성을 좋아하는 마음은 다 동성애다.

이 모든 문장은 ×입니다. 모두 틀렸어요. 동성애는 정신 질환의 분류에서 제외되어 있습니다. 정신과에서 사용하는 진단 분류 체계인 '정신 질환의 진단 및 통계 편람'DSM에서는 이미 1973년에 동성애를 정신 질환에서 삭제했습니다. 적어도 의학적으로 동성애는 결코 질환이 아닙니다. 건강에 문제가 있는 것도 아니고, 고쳐야 할 대상도 아니며, 무슨 벌을 받은 것도 아닙니다. 천성적인 결함이 있는 것은 더욱 아니지요.

그런데 동성애 자체는 질환이 아니지만 성적인 지향성을 받아들이는 과정에서 심리적 괴로움, 가족 간의 갈등, 사회 적응 문제 등이 생길 수 있어요. 그러면 치료가 필요할 수도 있지요. 그래서 '성 주체성 불쾌증'이라는 진단은 남아 있어요.

그만큼 동성애자가 자신의 성 지향성을 깨닫고 주변에 밝히는 과정, 즉 '커밍아웃coming out'을 하는 것은 참으로 어려운 일입니다. 자신을 성 소수자라고 밝히는 순간 자칫 친구와 가족을 잃을 수 있어요.

그래서 정신과 의사들은 커밍아웃 과정, 혹은 의도치 않게 커밍아웃을 당해 버리는 과정에서 생기는 마음의 고통을 덜 수 있도록 돕고 있어요.

이런 심리적인 어려움을 치유하려면 사실 우리 의사들의 노력만으로 충분하지 않아요. 여러 성적 지향성을 '틀림'과 '고쳐야 할 대상'이 아니라 '다름'과 '다양성'의 관점에서 보려고 노력하는 사람들이 세상에 많아지면 고통받는 사람도 훨씬 줄어들 겁니다.

Q 학교 가기가 무서워요.

애초에 성실한 편은 아니긴 했지만, 학교에 가도 잠만 자니까 학교에 가야 하는 이유를 모르겠어요. 그래서 한두 번 빠지다 보니 이젠 학교 가는 게 두려워졌어요. **등교 거부**를 하는 날이 많아지니, 부모님도 이제는 거의 포기하셨나 봐요. 그 덕분에 잔소리가 줄어들긴 했는데, 이러려고 태어났나 싶어서 슬퍼요. 다시 학교를 갈 수 있을까요?

1번 장애물부터 없애 보세요.

학교가 언제부터인가 대학에 진학하기 위해 공부하는 공간이 되어 버렸습니다. 그러니 학교에 가는 이유를 모르겠다는 학생들의 말에 반박하기가 쉽지 않더군요. 이미 내신 관리는 안 되고 수업 내용은 무슨 말인지 못 알아들은 지 오래되었다면서 쓸쓸해하는 친구들, 며칠 아파서 학교를 안 가고 보니 세상에 이렇게 편할 수가 없다는 친구들을 만날 때마다 정말 안타까워요.

공부에 큰 뜻이 없는 친구라도, 학교 밖에서 계속 지내는 건 더 쉽지 않을 겁니다. 그래서 저는 그런 친구들에게 학교를 점심 한 끼 먹고, 동아리 활동을 하고, 친구를 사귀면서 사회성을 기르는 곳으로 바꿔 생각하라고 제안하곤 합니다. 일단 학교생활을 즐겁게 한다면 인생에 남는 것이 많아요. 세상을 살아가는 데 국영수만 필요한 건 아니거든요.

그런데 학교를 못 가는 날이 생겼고 그 이후 계속 빠지다 보니, 시간이 지나면서 도저히 갈 엄두가 나지 않게 되었다면 어떻게 해야 할까요? 먼저 '왜'라는 질문부터 던져 보세요. 무엇이 학교 가는 것을 어렵게 하는 가장 큰 원인인지 알아보는 것입니다. 혼자 찾기 어려우면 상담 선생님이나 부모님, 혹은 의사 선생님과 토론을 해 보세요. 아마 원인은 한 가지가 아닐 거예요. 관계가 틀어진 친구, 부담스러운 학과 공부, 싫은 선생님, 풀리지 않는 이성 문제, 경제적 어려움 등 여러 가지 이유가 있겠지요.

그래도 그중 1번 원인이 무엇인지 한번 찾아보세요. 그러고 나서 그것을 조금이라도 줄일 수 있는 방법을 찾아보세요. 의지가 있다면 부모님과 친구들이 많이 도와줄 겁니다. 그러면 문턱이 약간 낮아지겠죠? 그렇다고 바로 아침부터 오후까지 학교에 계속 있기는 어려울 겁니다. 일단 한 시간이라도 가서 조회에 참석하는 것을 목표로 해 봅

시다. 선생님이나 친구들과 인사를 나눈 뒤에, 정 힘들면 조퇴를 하면 돼요. 보건실에 가서 쉬다가 집으로 돌아와도 좋아요. 그다음 날부터는 학교에 머무는 시간을 차츰 늘려 보세요. 그렇게 조금씩 연습하다 보면 교문이 넘을 수 없는 높은 장벽으로 느껴지지 않을 겁니다.

Q 정신과에 가도 될까요?

온종일 기운이 없고 졸리기만 해요. 딱히 피곤하지도 않은데요. 눈동자에 힘이 없다면서 엄마가 자꾸 병원에 가자고 해요. 그런데 정신과에 가는 건 왠지 꺼림칙해요. **정신과 진료**를 받았다는 기록이 남는 것도 싫고요. 뭐가 문제인지 상담을 한번 받아 보고 싶기는 하지만요. 엄마는 괜찮다고 하시는데, 정말 괜찮을까요?

상처가 깊을 땐 병원을 찾으세요.

마음이 아프고 힘들다고 무조건 정신 건강 의학과에 진료를 보러올 필요는 없어요. 또 정신과 의사와 상담한다고 해서 모든 문제가 일시에 해결되는 것도 아니에요.

정형외과와 한번 비교해 볼까요? 어떤 사람이 운동을 하다가 발목을 겹질렸어요. 발목이 붓고 시큰거리기는 하지만 견딜 만해요. 그러면 보통 일단 집으로 돌아가서 따뜻한 수건으로 찜질을 하지요. 그리고 가만히 누워 쉬면서 지켜봅니다. 열에 아홉은 다음 날이면 참을 만해질 겁니다. 발목의 붓기도 가라앉고요. 하지만 다음 날 띵띵 붓고, 발을 내딛지 못할 정도로 고통이 심해지면 그때는 병원에 가지요.

병원은 이렇게 상처가 심해져서 견디기 힘들 때 찾아가야 효과가 있습니다. 정신과라면 자살 충동이나 환청이 생기고, 심한 우울증이 찾아오고, 다 부숴 버리고 싶은 충동으로 실제로 물건을 부수거나 가족을 해칠 위험이 있을 때, 술, 담배와 같은 중독 물질의 조절 문제가 있을 때에는 확실히 병원을 찾는 게 좋아요.

또 암 건강 검진을 받듯이 "내가 정상일까?" "나 지금 이대로 괜찮은 걸까?" "왜 친구나 부모님과의 관계가 잘 안 풀릴까?" 같은 문제에 대해 전문가의 객관적 평가와 조언을 받기 위해 방문해 보는 것도 좋습니다.

치료가 필요한데, 정신과에 대한 편견 때문에 병원에 오지 못하는 사람이 있어서는 안 돼요. 정신과에서 진료받은 내용은 가족과 자신을 제외하고는 그 누구도 알 수 없습니다. 인터넷으로 검색만 하면 누가 어떤 진료를 받았는지 회사나 학교에서 다 알 수 있다는 이야기가 떠돌곤 하는데, 그건 정말 '도시 괴담'에 가까워요. 우리 의사들이 그렇게 허술하지 않답니다. 그러니 마음이 많이 아플 때는 병원을 찾는 것을 주저하지 마세요.

하지만 기침 한번 했다고, 손가락 살짝 베었다고 병원에 가지 않듯 모든 스트레스에 다 정신과 문을 두드릴 필요는 없어요. 병원이 내 삶의 문제를 다 해결해 주지는 않으니까요.

창비청소년문고 24

지금 독립하는 중입니다
정신과 의사 하지현의 십 대 마음 관찰기

초판 1쇄 발행 • 2017년 5월 10일
초판 11쇄 발행 • 2024년 2월 5일

지은이 • 하지현
펴낸이 • 염종선
책임편집 • 김선아
조판 • 박지현
펴낸곳 • (주)창비
등록 • 1986년 8월 5일 제85호
주소 • 10881 경기도 파주시 회동길 184
전화 • 031-955-3333
팩시밀리 • 영업 031-955-3399 편집 031-955-3400
홈페이지 • www.changbi.com
전자우편 • ya@changbi.com

ⓒ 하지현 2017
ISBN 978-89-364-5224-7 43180